Annette Blumenschein
Ingrid Ute Ehlers

Ideen managen

Eine verlässliche Navigation im Kreativprozess

Rosenberger
Fachverlag

Bibliografische Information der Deutschen Nationalbibliothek

Die Deutsche Nationalbibliothek verzeichnet diese Publikation in der Deutschen Nationalbibliografie; detaillierte bibliografische Daten sind im Internet unter http://dnb.d-nb.de abrufbar.

www.rosenberger-fachverlag.de

Umschlaggestaltung: Eva Martinez, Stuttgart
Lektorat: Manuela Olsson, M.A., Göppingen
Druckvorstufe: UM-Satz- & Werbestudio Ulrike Messer, Weissach
Druck: AALEXX Druck, Großburgwedel
Printed in Germany
ISBN 978-3-931085-64-3

Inhalt

Abbildungen

Auf dem Weg zur strukturierten Kreativität

Liebe Leserin, lieber Leser,

kreative Problemlösefähigkeit heißt die Schlüsselkompetenz der Zukunft. Alle, die neue und originelle Ideen, Produkte oder Verfahren innerhalb einer Gruppe oder Organisation generieren wollen, sind darauf angewiesen.

Als Beraterinnen und Trainerinnen stehen wir täglich vor Situationen, in denen neue Lösungswege gesucht sind, in denen Ideen direkt und sofort benötigt werden und in denen diese Ideen auch zielgerichtet zu managen sind. Deshalb haben wir aus Beobachtungen in der Praxis und wissenschaftlichen Erkenntnissen aus Kreativitätsforschung, Lernpsychologie und Ökonomie einen Beratungsansatz entwickelt, wie Ideen wahr werden können und wie Kreativpotenzial auf strukturierte Weise eingesetzt werden kann, kurzum: wie es gelingt, „kalkulierbar schöpferisch“ zu sein. Diese Kombination von Techniken bündelt unsere Erfahrungen und Erkenntnisse aus der Begleitung von dynamischen Kreativprozessen. Einige Techniken haben ihren Ursprung in Seminaren und Workshops, bei denen neugierige Menschen mit Experimentierfreude Wesentliches dazu beigetragen haben. Und weitere haben wir speziell für die Anwendung in der Einzelberatung und Prozessbegleitung konzipiert.

Das vorliegende Handbuch der angewandten Kreativität fasst dieses Know-how zusammen und bietet eine Navigation durch den kreativen Problemlösungsprozess. Der erste Teil des Buches erläutert Erkenntnisse dazu und Grundlagen dafür, was Ideen fördert. Im zweiten Teil erhalten Sie ein Methoden- und Technikenrepertoire, mit dem Sie im Wettbewerb von heute und morgen die eigene Kreativität jederzeit mobilisieren können.

Wir wünschen Ihnen viele Erfolgserlebnisse auf dem Weg zur strukturierten Kreativität!

Annette Blumenschein & Ingrid Ute Ehlers

1 Kreativität fördern

1.1 Kreativer Vorsprung

Kreativität als Instrument im Wettbewerb von morgen nutzen

Vorsprung zu haben vor anderen, vor Wettbewerben, ist zweifellos von Vorteil. Im Wettlauf um Kunden und überzeugte Anhänger gewinnt immer der, der schneller, besser, innovativer ist. Damit dies gelingt, benötigt man nicht nur Branchen- und Marktkenntnisse sowie Produkt-Know-how. Darüber hinaus ist ein mutiges Hinausdenken über branchenbezogene Grenzen notwendig. Auch reines Fachwissen und die Kenntnis ökonomischer Instrumentarien reichen allein nicht aus. Es braucht eine systematische Anwendung von Kreativität, um den Herausforderungen des Wettbewerbs von morgen gewachsen zu sein.

Herausragende Ökonomen und Wettbewerbsforscher wie beispielsweise Israel Kirzner, Joseph A. Schumpeter, Michael Porter beschreiben das Wesen einer unternehmerischen Persönlichkeit wie folgt: Diese Person ist ein findiger Akteur, der sich unter Kenntnis der Rahmenbedingungen permanent auf der Suche nach Informations- und Wissensvorsprüngen befindet und dabei unter den potenziellen Handlungsmöglichkeiten die effizienteste auswählt. Dies tut sie unter Beachtung des ökonomischen Grundprinzips der Abwägung von Kosten und Nutzen. Sie gestaltet sich ihre Organisationsumwelt mit dem Ziel, Wettbewerbsvorsprünge zu erlangen, ihre Chancen zu nutzen. Dabei nimmt sie die Risiken einer unsicheren Marktentwicklung in der Zukunft auf sich und entwickelt für mögliche eintretende Situationen bereits vorausschauend alternative Strategien und Lösungsansätze. Damit es jedoch in der gesamten Organisation gelingt, unternehmerisch zu denken und zu handeln, braucht es nicht nur ökonomisches Know-how. Ein Unternehmen im Schumpeterschen Sinne zu führen bedeutet, Mut für grundsätzlich Neues zu haben und auch radikale Veränderungen zuzulassen.

Die so beschriebene unternehmerische Persönlichkeit ist also der Prototyp des Innovators, welcher seine Kreativität gezielt einsetzt. Kreativität wird zunehmend als Schubkraft für globale Wettbewerbsfähigkeit erkannt. Dies ist besonders ermutigend, nachdem der ökonomische Nutzen dieser Fähigkeit viele Jahre gerade in der Wirtschaft verkannt wurde.

Organisationstheoretische Ansätze und Unternehmensphilosophien formulieren in ihren Leitlinien und Stellenanforderungen den Anspruch vom Mitarbeiter als „Unternehmer im Unternehmen“, der sich den tagesgeschäftlichen Anforderungen in ideenreicher und verantwortlicher Weise zu stellen hat. Abteilungsübergreifendes, prozessorientiertes statt funktionsbezogenes Denken soll dabei ein Vernetzen unterschiedlicher Tätigkeiten und Unternehmensbereiche fördern. Es reicht nicht mehr aus, die bisherigen Prozesse unter Effizienzkriterien zu prüfen und das zu optimieren, was man schon immer tat. Heutzutage stößt das reine Nachbessern des Bestehenden meist schnell an seine Grenzen. Auf diese Weise gelingt es nur für kurze Zeit, Wettbewerbsvorsprünge zu erzielen. Somit geht es nicht mehr nur um die Optimierung eines bestehenden Vorgangs, sondern um einen radikalen Prozessmusterwechsel. Neue Ideen und neue Wege müssen im Zeitalter globaler Konkurrenz aktiv gefördert werden. Dadurch bekommt Kreativität eine wirtschaftlich nutzbare Dimension: Kreativität als Grundpotenzial des Menschen, als Ausdruck für Problemlöse- und Kombinationsfähigkeit und als Gestaltungsbedürfnis wird zum Schlüsselfaktor wettbewerbsfähiger Produktion von Gütern und Dienstleistungen. Kreativität als Potenzial des Einzelnen stellt so die Brücke dar zwischen individuellen Bedürfnissen des Menschen nach Entwicklung, Entfaltung, Gestaltung und Produktion einerseits und den betrieblichen Zielen wie Erlangen von Wettbewerbsvorsprüngen, Marktanteilserweiterung und Gewinnerzielung andererseits. Kreativität ist somit ein individueller und wirtschaftlicher Wachstumsfaktor.

Die Förderung kreativer Potenziale ist demnach eine Investition in die Zukunft für alle Beteiligten: Sie sorgt für qualifizierte, engagierte Mitarbeiterinnen und Mitarbeiter und stärkt die Marktposition einer Organisation. Dies gilt sowohl für Unternehmen im privatwirtschaftlichen Bereich als auch für Institutionen.

In diesem Fachbuch gehen wir von einem ganzheitlichen Kreativitätsverständnis aus, welches systematisches Vorgehen und Intuition in kreativer Balance vereint. Dies drückt der Begriff „strukturierte Kreativität“ aus. Ein bewusster und methodischer Einsatz geeigneter Techniken in den einzelnen Phasen des kreativen Problemlöseprozesses lässt Kreativität ihre Beliebigkeit verlieren und trägt zum Managen von Ideen bei. Anstatt auf intuitive Eingebungen, Einfälle und Ideen zu warten und dann damit eher beliebig zu verfahren, zeigt dieses Konzept einen praxisorientierten Weg auf, wie Ideen mit System generiert und mit Struktur realisiert werden können. Dabei setzen wir phasenbezogene Methoden und Techniken ein, welche alle Beteiligten unterstützend durch den Kreativprozess begleiten. Dies kann jeder erlernen und seine kreativen Potenziale somit gezielt im Bedarfsfall abrufen. Dabei umfasst das Managen von Ideen unserer Definition folgend die gesamte Planung, Entwicklung, Bewertung, Realisierung und Überprüfung von Ideen. So gelingt es, Kreativität als verlässlich kalkulierbare Größe im Managementalltag einzusetzen, dadurch termingetreu neue Lösungsansätze für anspruchsvolle Herausforderungen des Tagesgeschäftes zu finden und diese auch erfolgreich zu realisieren. Und genau das ermöglicht den kreativen Vorsprung.

1.2 „Kalkulierbar schöpferisch“
Eine kreative Geisteshaltung kultivieren

Auf Ideen kommen, neue Lösungswege finden? Sicher, das ist wichtig und notwendig, doch eventuell fällt Ihnen das gar nicht so leicht? Was genau macht es denn möglich, dass man auf neue Ideen kommt? Wie kann Kreativität zur Aufgabenbewältigung und Problemlösung eingesetzt werden? Wenn Sie Kreativpotenzial auf schöpferische Weise entfalten wollen, erfahren Sie hier, welche Aspekte Ihrer ursprünglichen Kreativität Sie (wieder-)entdecken und erweitern können.

Allgemein kursierende Vorstellungen von Kreativität unterliegen häufig einem verkürzten Verständnis. Kreativität wird meist einer begabten Elite zugeschrieben, den Berufen der Kreativwirtschaft, oder sie wird ausschließlich auf den künstlerisch-musischen Bereich bezogen. So wird Kreativität beschränkt auf einen sehr schmalen Anwendungsbereich, steht angeblich nur so genannten Genies bzw. einer kreativen Elite zur Verfügung. Damit gilt sie als nicht erlernbar ohne die entsprechend vorhandene oder gar vererbte Begabung. Dies reduziert Kreativität auf eine statische Grundausstattung im „Fähigkeiten-Baukasten“ des Menschen, und sie bekommt darüber hinaus rein intuitiven Charakter. Bauchgefühl und Intuition sind zwar wichtige Eigenschaften, doch gleichzeitig vom Zufall abhängig. Beim Bearbeiten von neuen Aufgaben sind sie nicht systematisch einsetzbar, weil oft nicht bekannt ist, wie Kreativpotenzial zuverlässig abgerufen werden kann.

Dagegen wollen wir aufzeigen, dass Kreativität eine Fähigkeit ist, über die alle Menschen verfügen. Kreativität sollte nicht wahrgenommen werden als ein Privileg für manche, sondern als eine entwicklungsfähige Grundausstattung für alle. Es geht also darum, Kreativität zu „entzaubern“ und die ursprüngliche Kreativität, über die jeder Mensch verfügt, wieder zu entdecken und zu nutzen. Denn es ist uns als Beraterinnen ein Bedürfnis, Kreativität aus der exotischen Welt des Genialen wieder zurück in den Alltag zu führen.

Auch die Erkenntnisse aus Sozialwissenschaften wie Pädagogik, Soziologie, Anthropologie, Arbeits- und Organisationspsychologie zeigen, dass Kreativität zu den grundlegenden Lebensbedürfnissen des Menschen gehört. Sie ist Ausdruck seines Verlangens, die ihn umgebende Umwelt produktiv und nach seinen Vorstellungen aktiv zu gestalten, sich den Herausforderungen der Rahmenbedingungen des Umfeldes zu stellen und diesen ideenreich zu begegnen. In dieser Weise entfaltet sich das Mensch-Sein als spezifisches Potenzial im doppelten Sinne: Kreativität ist einerseits evolutionäre Kraft und ebenso ein tragender Aspekt zukunftsorientierter Handlungskompetenz in vielen Lebensbereichen der modernen Gesellschaft. Sie trägt zur Herausbildung von Identität durch lebendigen und pro-aktiven Austausch zwischen Mensch und Umwelt bei. Gerade bei Kindern lässt sich dies beobachten: „Wieso, weshalb, warum? – Wer nicht fragt, bleibt dumm!“

Dieser Kinderreim beschreibt die kreative Geisteshaltung als Aufgeschlossenheit allem Neuen gegenüber. Dies ist eine überlebenswichtige Eigenschaft bei Kindern. Und eigentlich sollte das auch für erwachsene Menschen Gültigkeit haben. Bei der Kultivierung dieser kreativen Geisteshaltung lässt sich viel lernen von Kindern, die die Welt auf unbefangene Weise erobern. Es ist eine wesentliche Eigenschaft von kreativen Menschen, dass sie aus dem inneren Kind in sich selbst Kreativität und Inspiration ziehen. Fantasie wird so zum lebendigen Bestandteil der Realität.

Dabei fällt allerdings auf: oft funktioniert das nicht. Wie verhält es sich denn bei Erwachsenen mit der Offenheit gegenüber Neuem? Oftmals geht die Neugier verloren, erstickt in Routine. Das ist schade, denn dieses Sich-Erhalten der „kindlichen Welt“ kann über die wörtliche Bedeutung hinaus auch im übertragenen Sinn ausgelegt werden. Dann geht es nicht darum, einen Zustand zu konservieren, sondern um die Investition, sich die ursprüngliche Kreativität des Kindes auch als Erwachsener noch zu bewahren. Doch wie sieht das dann im Tagesgeschäft aus?

„Das haben wir schon immer so gemacht ...“ „Ach, nein, das ändern wir jetzt nicht, es ist doch alles gut so und außerdem haben wir das immer schon so gemacht!“ Wie oft haben Sie solche Äußerungen schon gehört? Oder: „Mit dieser Lösung sind wir bis jetzt doch ganz gut gefahren – und lieber keine Experimente ...“

Mit derartigen Aussagen wurde schon so manche gute Idee für immer verabschiedet. Eine solche Einstellung hat oft dafür gesorgt, dass neue Vorschläge ausgebremst wurden und Innovationen erst gar nicht aufkamen. Einerseits verständlich, denn insbesondere in Zeiten des permanenten Wandels gibt es ein deutliches Stabilitätsbedürfnis. Dieses kann sich allerdings verhärten und zu Beharrungsvermögen und dann zu einer Zaghaftigkeit auf dem Weg ins Neue, also Ungewisse werden. Und das kann die Bewegungsfreiheit erheblich einschränken:

> „Die Gewohnheit ist ein Seil. Wir weben jeden Tag einen Faden, und schließlich können wir es nicht mehr zerreißen.“
> Thomas Mann (1875-1955), deutscher Schriftsteller

Doch wer am „Ewig Gleichen“ festhält, der akzeptiert auch Denk- und Verhaltensweisen, die nicht mehr mit veränderten Rahmenbedingungen mithalten können. Und es besteht die folgende Gefahr: Gute Ideen von gestern können zu schlechten Problemlösungen von morgen werden.

Vom Nutzen der kreativen Geisteshaltung

Wenn man die derzeit überall geforderten und ausgerufenen Fähigkeiten in Stellenbeschreibungen und Anforderungskatalogen des Personalwesens untersucht, stellt man fest: Um in der globalen Welt und auch im Berufsalltag von heute zu recht zu kommen, sind gefordert:

- Neugier (Aufgeschlossenheit und Offenheit gegenüber Neuem, die Fähigkeit, etwas konstruktiv in Frage stellen zu können);
- Scharf-Sinnigkeit (aufmerksame, wache und trainierte Wahrnehmung, bezogen auf die gesamte Sinnesausstattung);
- Perspektivwechselfähigkeit (die Fähigkeit zum systematischen Einnehmen verschiedener Sichtweisen und Denk-Positionen);
- Einfallsreichtum (lebendige Vorstellungskraft, begeisternde Visionsfähigkeit, die Fähigkeit, das Vorhandene geschickt zu nutzen);
- Mut (realistische Einschätzung von sich selbst und der jeweiligen Situation, Selbstvertrauen, Selbstbewusstsein und Entscheidungskraft);
- Motivationsfähigkeit (die Fähigkeit, sich selbst und andere in Bewegung zu bringen, Entfaltung von Handlungswillen).

Und all das sind Bestandteile der kreativen Geisteshaltung. Dies gilt sicher für Unternehmerinnen und Unternehmer, und in hohem Maße auch für Angestellte. Ohne diese geistige Grundhaltung lässt sich weder Fortschritt noch Wettbewerbsvorsprung erreichen. Erst recht nicht in einer dynamischen Welt mit immer kürzeren Veränderungs- und Entwicklungszyklen. Eine kreative Geisteshaltung ermöglicht es somit sowohl auf den strategischen als auch auf den darunter liegenden Managementebenen und in den Ebenen des Betriebsablaufes eine Vielzahl von Aktivitäten im jeweiligen Tagesgeschäft zu optimieren.

Das bezieht sich auf alle Phasen, in denen Ideen zu managen sind:

Bereits beim ersten Aufkeimen, wenn sich Ideen mitten im Tagesgeschäft als Ansatzpunkte für Veränderungen melden. Ebenso bei der gemeinsamen Formulierung der zu lösenden Aufgabe, zu der dann Ideen gefunden werden. Darüber hinaus bei der Bewertung und Auswahl der Ideen. Genauso bei der konsequenten Realisierung von Ideen und auch bei der nachfolgenden unbestechlichen Ideen-Überprüfung. In allen diesen Phasen braucht es eine kreative Geisteshaltung. Damit gelingt es „kalkulierbar schöpferisch“ zu sein, das bedeutet:

- das eigene Kreativpotenzial auf schöpferische Weise zu entfalten,
- sich auf die eigene Kreativität als Problemlösefähigkeit sicher verlassen zu können
- und aus der eigenen Kreativität einen kalkulierbaren Nutzen zu ziehen.

1.3 Kreative Lösungen
Ein unerschöpfliches Reservoir nutzen

Unerschöpflich Ideen produzieren, permanent schöpferisch tätig? Das kann manchmal auch erschöpfend sein! Wie Sie die Potenziale Ihres Gehirns zur Findung von Lösungen systematisch nutzen und dabei den jeweils ergiebigsten Denkstil auswählen, erfahren Sie in diesem Kapitel. Damit können Sie das unerschöpfliche Reservoir des Gehirns in allen Phasen des Kreativprozess von der Idee zur Innovation nutzen.

Kreativ sein ist die Fähigkeit, neue und originelle Einfälle zu entwickeln und sie produktiv umzusetzen. Das beinhaltet auch das Lösen von Problemen – und zwar in allen Phasen des kreativen Problemlösungsprozesses. Der sprachliche Ursprung von Kreativität ist das lateinische Wort „creare“, das „erfinden, erschaffen, hervorbringen, schöpfen“ bedeutet. Dies lässt sich bildlich deuten. Stellen Sie sich Kreativität als Vorgang des Schöpfens vor: Sie stehen an einem Brunnen und wollen Wasser daraus schöpfen. Also formen Sie eine „Schöpfkelle“ aus Ihren beiden Händen, die Sie zusammenfügen. Diese Bewegung des Schöpfens im ursprünglichen Sinne zeigt, dass dafür beide Körperhälften gebraucht werden, in diesem Fall die rechte und die linke Hand. Dies ist ein anschauliches Bild für die phantastische und phantasievolle Quelle der Ideen, das Gehirn, bei dem beide Hälften vernetzt zusammen arbeiten.

Wenn man neue Lösungen schafft bzw. alltagsbezogene Herausforderungen meistert, also handelt, dann lässt sich das vergleichen mit dem beidhändigen Schöpfen von Wasser. Denn die meisten Tätigkeiten verrichtet man mit zwei Händen – egal, ob man nun rechtshändig oder linkshändig ist. Oft ist die nichtdominante Hand dabei im Hintergrund und wird kaum bemerkt, z. B. wenn Sie schreiben. Dabei wird zwar der Stift oder Füller mit der dominanten Hand geführt – aber den Füller schrauben Sie mit beiden Händen auf. Und das Papier wird mit der nichtdominanten Hand gehalten bzw. das Buch wird mit ihr aufgeschlagen. Das heißt, mit nur einer Hand ist der Mensch auch nur einseitig belastbar und nicht voll handlungsfähig, es werden beide Hände benötigt. Und genau das gilt auch für die miteinander verbundenen Bereiche des Gehirns, die an der Entstehung von Lösungen beteiligt sind.

Oft glauben Menschen im Beruf, alle vorliegenden Informationen passten nicht mehr in den Kopf, er könne einfach überfließen. Oder es erscheint so, als könnten in diesem „voll gestopften Archiv“ keine wirklich neuen Ideen mehr entstehen. Intuitiv wird in solchen Situationen meist das Richtige getan: für Abwechslung sorgen, entspannen oder aus der festgefahrenen Situation „flüchten“. Das bestätigt ein kreativer Mensch aus eigener Erfahrung:

> „Gedanken wollen oft – wie Kinder und Hunde –, dass man mit ihnen im Freien spazieren geht.“
>
> Christian Morgenstern (1871-1914),
> deutscher Schriftsteller und Übersetzer

Zahlreichen Berichten, ob von Wissenschaftlern, Forschern oder Menschen aus dem Alltag, ist zu entnehmen, dass sich viele hervorragende Ideen meist dann einstellen, wenn die Personen nicht mehr angestrengt (teilweise auch verkrampft) darüber nachdenken: z. B. bei einem Spaziergang oder bei der Ausübung eines Hobbys. Diese Ablenkung ist hilfreich, vorausgesetzt, man hat ausreichend Zeit, um die Ideen „reifen“ zu lassen.

Ideen als plötzliche Erleuchtung

Wenn Sie sich mit einer Aufgabe oder einem Problem beschäftigen, dann gibt es Zeiten, in denen Sie das Problem auch mal ruhen lassen. Dieser Abstand lässt dennoch das Problem und das angestrebte Ziel keinesfalls vergessen. Das Unterbewusstsein bleibt am Thema: Wenn man sich erst einmal intensiv mit einer Problemstellung auseinander gesetzt hat, so gelingt es gar nicht mehr, diese vollständig zu vergessen, das Gehirn arbeitet weiter daran. Erste Ideen und Lösungsansätze „ruhen aktiv“, indem sie sich – vergleichbar mit einer Aussaat – in einem Keimungsvorgang befinden. Ob Sie wollen oder nicht, Sie nehmen Ihre Umwelt nun selektiv unter dem Blickwinkel der gestellten Aufgabe wahr. Wenn Sie sich einer bestimmten Frage widmen, wie etwa der Oberflächenbehandlung von Holz, dann begegnet Ihnen das Material Holz im Alltag in bisher ungeahnter Vielfalt. Oder wenn Sie sich mit einem bestimmten Thema beschäftigen, z. B. mit „Quadrat“, dann erscheint die ganze Welt von Erscheinungsformen des Quadrates überflutet, vom Logo eines Unternehmens über die Pflastersteine der Straße und einer Luftaufnahme von Kornfeldern bis zur Badezimmerfliese und Briefmarke.

Mit dieser Sensibilisierung auf ein Thema sehen Sie alles in einem anderen Licht. Und plötzlich ergibt sich dann zu einem nicht beeinflussbaren Zeitpunkt ein Lösungsansatz, der als Erleuchtung scheinbar spontan erscheint. In Wirklichkeit aber beruht diese Idee auf der bereits vorausgegangenen Beschäftigung mit der Aufgabe. Das plötzliche Entdecken von Ideen beschreibt eine Expertin so:

> „Die meisten Neuentdeckungen sind plötzlich wahrgenommene Dinge, die immer vorhanden waren. Ein neuer Gedanke ist ein Licht, welches Gegenwärtiges erhellt, das einfach keine Form für uns besaß, bis das Licht darauf fiel."
>
> Susan K. Langer (1895-1985),
> amerikanische Wissenschaftlerin und Philosophin

Bei diesem Aufblitzen von Ideen vergleichen Sie unbewusst Lösungsansätze anderer Wissensbereiche, scannen Ihr Gehirn nach ähnlichen Erfahrungen und Mustern, verknüpfen diese und plötzlich ist sie da: die ersehnte Idee, die sich erst nicht einstellen wollte und auf die Sie fast verzweifelt gewartet haben. Derartige spontane Geistesblitze lassen sich jedoch nur in begrenztem Maße bewusst hervorlocken, weshalb Sie immer auch Geduld brauchen, wenn Sie nach kreativen Lösungen suchen. Förderlich ist sicherlich die Kultivierung der kreativen Geisteshaltung, um offen zu sein für neue Verknüpfungen, die als Ideen aufblitzen.

Systematische Entwicklung von Lösungen

Eine ergänzende Herangehensweise ist die zwar mit Arbeitsaufwand verbundene, aber wesentlich besser planbare Entwicklung von Lösungen durch entsprechende Techniken. Diese Techniken ermöglichen es, die jeweilig benötigten Schwerpunkte gezielt zu bearbeiten. Dies betrifft alle Phasen des kreativen Problemlösungsprozesses.

Beispielsweise führen bei der gezielten Erarbeitung von Ideen praxisbewährte Ideenfindungstechniken dazu, neue und unkonventionelle Ideen zu entdecken. Solche Techniken ermöglichen es, die gewohnten Denkpfade zu verlassen, um mittels Verfremdung, Provokation, Analogiebildung und Impulsfragen unzählige Ideen gezielt fließen zu lassen. Bei der Anwendung von Ideenfindungstechniken verläuft die Entwicklung von Ideen in einer Assoziationskurve mit Höhen und Tiefen. Zunächst setzt ein regelrechtes Ideenfeuerwerk ein: viele Ideen sprudeln wie von allein. Dabei entstehen am Anfang der Ideen-Findung oft Ideen, die bereits bekannt erscheinen oder denen es an Originalität mangelt. Es ist wichtig, diese Ideen zuzulassen und ohne Bewertung zu dokumentieren, denn damit ebnet sich der Weg für die nachwachsenden originellen Ideen. Diese sprühen nach dem Herauslassen der „offensichtlichen" und banalen Lösungen dann umso lebendiger. Dann verlangsamt sich dieses Ideenfeuerwerk, es stellt sich möglicherweise das Gefühl ein, stecken zu bleiben, nicht mehr weiter zu wissen. Sie haben den Eindruck, „die Luft ist raus". Dann ist es besonders wichtig, dass Sie durchhalten, denn wenn Sie weiter am Thema bleiben, fließen auch die Assoziationen weiter. Ein zweiter gedanklicher „Höhenflug" setzt ein und es kommen noch weitaus mehr und auch außergewöhnliche Ideen. Das Durchhalten in dieser kreativen Durststrecke lohnt sich also. Nach dem ergiebigen zweiten „Ideenhoch" beginnen die Ideen dann langsam zu versiegen.

Die Stimulation der Phantasie durch eine Ideenfindungstechnik wirkt noch nach. Auch nach Stunden und Tagen können diese Techniken noch zu aufblitzenden Ideen zum Thema führen.

Die Bedeutung des Denkstiles

In der Kreativitätsforschung unterscheidet man zwischen dem konvergenten und dem divergenten Denkstil. Dies geht zurück auf die Untersuchungen des Psychologen und Kreativitätsforschers Joy Paul Guilford.

Konvergenter Denkstil
Konvergent (lat.: übereinstimmend, zusammenführend) ist das logische, zielgerichtete Denken. Das konvergente Denken verläuft in systematischen, nachvollziehbaren Schritten.

Divergenter Denkstil
Divergent (lat.: entgegengesetzt, verzweigend) ist das frei fließende Denken. Es kann ungeordnet und phantastisch verlaufen und ist keinesfalls logisch nachvollziehbar.

Beide Denkstile werden im täglichen Leben eingesetzt und sind auch bei jedem Menschen anzutreffen. Allerdings wird oft nicht beachtet, welcher Denkstil zurzeit eingesetzt wird. Teilweise sind auch die charakteristischen Eigenschaften der beiden Denkstile nicht bekannt bzw. präsent. Die folgende Übersicht stellt die beiden Denkstile mit ihren Besonderheiten und Schwerpunkten gegenüber:

Konvergenter Denkstil	**Divergenter Denkstil**
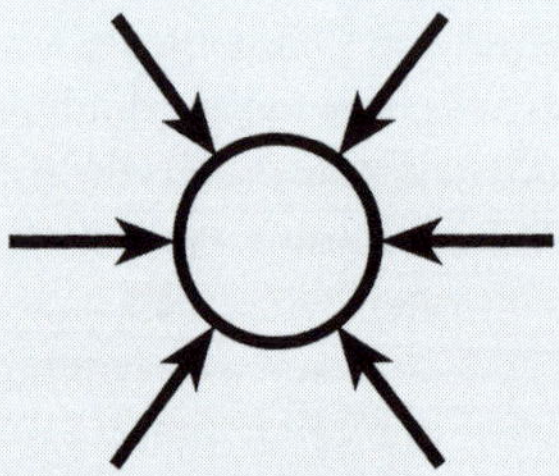	
konvergent (lat.: übereinstimmend, zusammenführend)	divergent (lat.: entgegengesetzt, verzweigend)
logisches zielgerichtetes Denken	frei fließendes Denken
verläuft in systematisch nachvollziehbaren Schritten	verläuft sprunghaft und ist logisch nicht nachvollziebar
bündelt Gedanken in eine Richtung	streut Gedanken in viele Richtungen
Motto: „entweder – oder"	Motto: „sowohl als auch"
kommt „auf den Punkt"	kommt „vom Hölzchen aufs Stöckchen"
positive Tendenz: kann zielorientiert wirken und Entscheidungen herbeiführen	positive Tendenz: kann Chancen eröffnen und neue Vorgehensweisen erfinden
negative Tendenz: kann sich verengen oder auf bestimmte Aspekte fixieren	negative Tendenz: kann im Chaos „zerfließen" und dabei uferlos werden
Ergebnis des konvergenten Denkstils: eine Entscheidung	Ergebnis des divergenten Denkstils: hundert Ideen

Abb. 1: Denkstile im Vergleich

In dem sich ergänzenden Zusammenspiel dieser beiden Denkstile liegt die Energiequelle der strukturierten Kreativität. Denn durch die Sensibilisierung auf den jeweils verwendeten Denkstil wird es möglich, Ideen durch den passenden Denkstil auf ihrem Weg zu unterstützen. Beide Denkstile sind prinzipiell bei jedem Menschen vorhanden. Keiner der Denkstile ist an sich effizienter, geeigneter oder besser als der andere. Man sollte nur wissen, wann man welchen Denkstil innerhalb des kreativen Problemlösungsprozesses einsetzt, um die jeweils benötigten Resultate zu erzielen.

Sicher haben Sie selbst schon eine bewusste Wahl des Denkstiles erlebt: Wenn in einem Kreativteam neue Ideen entwickelt werden, dann ist dafür der divergente Denkstil gefragt. Bei der Ideen-Findung werden vor allem Phantasie, Emotionen, Bilder, räumliche Vorstellung und Intuition benötigt, all diese sind Anwendungsbereiche des divergenten Denkstiles. Wenn nun jemand inmitten dieses frei fließenden, wild strömenden Ideenflusses konvergente Gedanken (Logik, Details, Bewertung, Analyse) äußert, dann wirkt dies als Ideenblocker. Solche konvergenten Äußerungen werden in einer divergenten Phase als „Killerphrasen" empfunden. Die angemessene Reaktion darauf ist, die konvergenten kritischen Gedanken zurückzustellen, um noch weiter auf divergent ausschwärmende Weise Ideen entwickeln zu können. Also ein Wechsel vom konvergenten Denkstil wieder zurück in den divergenten.

Umgekehrt kennen Sie sicherlich auch die folgende Situation: Wenn bei einer Besprechung Daten, Zahlen und Fakten betrachtet und bewertet werden, ist der konvergente Denkstil angesagt. Denn hier geht es vordergründig um Logik, Struktur, Analyse, Bewertung, Reihenfolge. Wenn nun eine Person aus diesem konvergenten Denkstil ausbricht und inmitten der bewertenden Besprechung phantasievolle, chaotische und sprunghafte (divergente) Gedanken einbringt, ist das kontraproduktiv. Die Bitte, sich doch nun auf die Tagesordnungspunkte zu konzentrieren, beim Thema zu bleiben, ist genau der gezielte Wechsel des Denkstiles von divergent wieder zu konvergent.

Durch die Wahl eines bestimmten Denkstiles bzw. den gezielten Wechsel zwischen beiden Denkstilen kommen Sie gut durch alle Phasen des kreativen Problemlösungsprozesses. So sind kreative Lösungen eine nachwachsende Ressource aus einem unerschöpflichen Reservoir.

1.4 Impulse durch Perspektivwechselfähigkeit
Die multiperspektivische Wahrnehmung trainieren

Kreative Potenziale entfalten? Ja, gerne, aber wie soll das denn nun konkret funktionieren? In diesem Kapitel erfahren Sie, wie Sie Perspektivwechsel als Chance zur facettenreichen Aufgabenbewältigung einsetzen. Dabei gewinnen Sie einen Überblick über unterschiedliche Aspekte von Perspektivwechselfähigkeit und lernen Möglichkeiten kennen, wie Sie diese im Einzelnen gezielt trainieren können.

Ausdruck einer kreativen Geisteshaltung ist unter anderem die Fähigkeit zum Perspektivwechsel. Perspektivwechselfähigkeit bedeutet, bewusst unterschiedliche Standpunkte und Sichtweisen einnehmen zu können, das heißt beispielsweise von der Nähe zur Distanz und von einer Teilbetrachtung zur Gesamtbetrachtung umschalten zu können. Dieser perspektivische Wechsel führt zu einer Relativierung und damit zu einer Minimierung des zu lösenden Problems: Wer ganz nah an einer Sache ist, wer also z. B. direkt in ein Problem involviert ist, kennt zwar jedes Detail seines direkten Umfeldes, verliert jedoch häufig den Überblick über die Gesamtproblematik. Die Redewendung „den Wald vor lauter Bäumen nicht mehr sehen können“ drückt dies bildhaft aus. Mit einer distanzierteren Betrachtung ist zwar nicht mehr jedes Detail zu erkennen, dafür aber gewinnt der Blick an Weite. Somit lassen sich vernetzte Zusammenhänge und die Einbettung ins Gesamte klarer erkennen. Manches Problem ist nicht mehr so ausweglos. Ein weiteres Ziel des Perspektivwechsels ist es, gezielt möglichst vielfältige Blickwinkel, Wahrnehmungen bzw. Zugangsweisen einnehmen zu können.

Dabei bezieht das Training der Perspektivwechselfähigkeit verschiedene Aspekte ein, die nachfolgend näher dargestellt werden:

- den räumlichen Perspektivwechsel
- den sinnesbezogenen Perspektivwechsel
- den interdisziplinären Perspektivwechsel

Der räumliche Perspektivwechsel

Die innere, also geistige Haltung und die äußere Haltung, also Körperhaltung, bedingen sich wechselseitig. Wenn Sie neue Ideen entwickeln, neue Pfade beschreiten und neue Sichtweisen finden wollen, so sollten Sie diese Sichtweisen am besten auch im wortwörtlichen Sinne körperlich einnehmen.

Ist Ihr Arbeitsplatz fest eingerichtet? Haben Sie einen Stammplatz? Gibt es einen Lieblingsplatz zum Sitzen für Sie? Was sehen Sie von dort aus? Auch wenn Sie sich stark auf Ihren Bildschirm oder ein Schriftstück konzentrieren, aus den Augenwinkeln nehmen Sie immer noch Ihre Umgebung wahr. Jeder optische Reiz, dem Sie ausgesetzt sind, beeinflusst Ihre Wahrnehmung und die Verarbeitung dieser Informationen. Mit den immer gleichen Außenreizen eines immer gleichen Umfeldes stumpft Ihr Sinnessystem jedoch allmählich ab. Damit manövriert man sich in „geistige Sackgassen". Wenn Sie neue Impulse erhalten wollen, wechseln Sie einfach öfter Ihre Position im Raum. Durch andere Blickwinkel werden sich Ihnen andere Sichtweisen und dadurch auch neue Ideen erschließen. Dieser Effekt lässt sich noch steigern, indem Sie sich gezielt in unterschiedlichen Räumen aufhalten oder einen kurzen Spaziergang um den Block unternehmen.

Der Perspektivwechsel nach Walt Disney

Ein beeindruckendes Beispiel für diese Nutzung des räumlichen Perspektivwechsels zur Kreativitätsförderung ist die Herangehensweise von Walt Disney. Er machte sich die Wirkung verschiedener Umfelder bei der Ideenentwicklung gezielt zu nutze. Sein Motto dabei war:

> „Träume gehen am schnellsten in Erfüllung, wenn man aus ihnen aufwacht."
>
> Walt Disney (1901-1966), US-amerikanischer Filmproduzent

Wie aus biografischen Aufzeichnungen bekannt ist, richtete sich Walt Disney drei völlig unterschiedlich ausgestattete Räume ein: Jedes Ambiente trug dazu bei, ihn (innerlich wie äußerlich) in eine andere Grundhaltung zu versetzen. So inszenierte er den ersten Raum als Raum des „Träumers“, den zweiten als Raum des „Machers“ und den dritten als Raum des „Kritikers“. Man kann sich dies wie folgt vorstellen:

Der erste Raum, der Raum des „Träumers“, ist in anregenden Farben (z. B. hellgelb oder zartorange) gestrichen. Düfte, Pflanzen und Beleuchtung sowie gemütliche Einrichtungsgegenstände wie z. B. ein Plüschsessel mit Armlehnen laden zum Verweilen und Träumen ein. Der Raum ist weitläufig, hoch und luftig und bietet dem Ideenfluss keinen Widerstand. Diese angenehme Oase mitten in Zeitdruck und betrieblicher Hektik lässt Ideen in einer kritikfreien Umgebung sprießen.

Der zweite Raum, der des „Machers“, ist hingegen eher nüchtern eingerichtet. Zweckmäßige und schlichte Möbel, ein gepolsterter Bürostuhl, weiße Raufasertapete, alles hat seinen Platz, die einzige Zimmerpflanze steht in einem hellgrauen Topf. In dieser Atmosphäre sollen die Besucher pragmatische Äußerungen von sich geben. Was ist machbar? Bis wann? Von wem?

Nachdem auf diese Weise in den beiden ersten Räumen einige Ideen gesammelt wurden, kommt der dritte Raum, der des „Kritikers“ zum Einsatz. In kühler Funktionalität sollen nun die Ideen beurteilt werden. Dieser Raum ist nur noch eine spartanisch eingerichtete Kammer. „Rationalität statt Emotionalität“ ist die Grundstimmung dieses Raumes: Glas, Chrom und Blautöne beherrschen die Ausstattung, ein Bürostuhl aus Aluminium bietet dem Kritiker Platz. In dem nüchternen, hell ausgeleuchteten Raum wird jedes kleine Detail deutlich sichtbar.

Diesen räumlichen Perspektivwechsel nach Walt Disney können Sie in Ihrem beruflichen Umfeld wie folgt in einer abgemilderten und praxisnahen Weise anwenden: Besorgen Sie sich drei unterschiedliche Stühle bzw. Sitzgelegenheiten, die Sie an verschiedenen Standorten in einem oder in verschiedenen Räumen installieren. Be-setzen Sie die Stühle nacheinander in der hier vorgeschlagenen Reihenfolge und stellen Sie sich die folgenden Fragen jeweils rollenbezogen:

Der Stuhl des „Träumers"

(zum Sitzen geeignet ist zum Beispiel ein Sitzball, ein bequem gepolsterter Stuhl, mit Armlehne, ein Schaukelstuhl). Auf diesem Stuhl entwickeln Sie kühne Visionen und phantastische Einfälle. Das Wort „unmöglich" blenden Sie aus und gestatten sich ideenreiche Höhenflüge. Fragen Sie sich zum Beispiel:

„Woran hat noch nie jemand gedacht?"
„Was macht Spaß?"
„Was habe ich mir immer schon gewünscht?"

Der Stuhl des „Machers"

(zum Sitzen geeignet ist zum Beispiel ein klassischer Bürostuhl oder ein Stuhl mit gerader Rückenlehne). Auf diesem Stuhl entwickeln Sie die phantasievollen Ideen des Träumers weiter, verknüpfen sie aber bereits mit der Realität und suchen so neue Lösungen. Fragen Sie sich zum Beispiel:

„Was ist daran positiv?"
„Mit welchen Rahmenbedingungen kann es verknüpft werden?"
„Wie lässt es sich realisieren?"

Der Stuhl des „Kritikers"

(zum Sitzen geeignet ist zum Beispiel ein Hocker, ein einfacher Gartenstuhl oder ein Stapel Zeitschriften). Auf diesem Stuhl unterziehen Sie die entstandenen Ideen einer mitleidlosen Kritik. Prüfen Sie die Problemlösung „auf Herz und Nieren". Fragen Sie sich zum Beispiel:

„Was kostet es tatsächlich?"
„Wo liegen die Schwachstellen?"
„Was ist daran überflüssig?"

Der sinnesbezogene Perspektivwechsel

Je sensibler Ihre Wahrnehmung ausgebildet ist, umso mehr Aufnahmekanäle schaffen Sie für kreative Denkprozesse. Und diese trainierten Sinne ermöglichen und fördern das „Er-Sinnen" von neuen Ideen. Die Wahrnehmung über die fünf Sinne ermöglicht es, sowohl die umgebende Umwelt als auch sich selbst sehr genau zu erfassen. Alle Sinnessysteme stellen eine Verbindung zwischen Austauschprozessen im Innen und im Außen dar. Nach unserer Auffassung besitzt jeder Sinn eine äußere und eine innere Dimension. Die äußere Dimension sorgt dafür, dass Menschen in Verbindung mit der Umwelt treten und sich als Teil dieser wahrnehmen. Dies trägt zur Formung der inneren (Geistes-)haltung bei. Körper und Geist bzw. sinnliche Wahrnehmung über den Körper und Geist lassen sich somit nicht voneinander trennen. Jeder gesunde Mensch ist mit denselben, miteinander vernetzten Sinnen ausgestattet. Dennoch erleben Menschen die Welt nicht alle gleich, sondern nehmen Phänomene selektiv und höchst unterschiedlich wahr. Je nach individuellem gesellschaftlichem, familiärem, situativem Hintergrund und den dementsprechend ausgebildeten Wahrnehmungsfiltern und Deutungsmustern greift man auf verschiedene Wahrnehmungslogiken zurück.

Die Sinne geben dem Leben einen Sinn, indem sie unserem Körper und somit selbstverständlich auch dem Geist Erfahrungsmöglichkeiten erschließen. Sie verbinden Innen und Außen, innere und äußere Wahrnehmung. Damit stellt das Sinnessystem einen wesentlichen Beitrag zur intelligenten und „scharf-sinnigen" Lebensführung dar. Je sensibler Ihre Wahrnehmung ausgebildet ist, umso mehr Freiräume schaffen Sie für kognitive Denkprozesse.

Ein Training der fünf Sinne trägt zu einer erhöhten *Kreativen Unzufriedenheit*, d. h. Problemsensibilität bei. Durch eine schärfere Wahrnehmung Ihrer Umwelt sind Sie in der Lage, frühzeitig zu erkennen, wo sich in beruflichen und privaten Bereichen Verbesserungspotenzial verbirgt. So entwickeln Sie rechtzeitig ein sensibles Frühwarnsystem bzw. trainieren Ihre „Scharf-Sinnigkeit".

Das Sinnes-Trainingsprogramm

Im Folgenden stellen wir Ihnen das Sinnes-Trainingsprogramm vor. Darin wird erläutert, wodurch im Alltag die Sinne abstumpfen und auch, wie sie wieder geschärft werden können.

1. Sehsinn

Äußere Dimension: Die Augen sind das weitaus am meisten beanspruchte Sinnesorgan. Auf diesem Kanal wird man mit optischen Reizen geradezu überflutet.

Innere Dimension: Diese Dimension umfasst das innere Klarsehen in der Bedeutung von Ver-Sinn-Bildlichung.

Mögliche Gründe für das Abstumpfen des Sehsinnes im Alltag:

- stundenlanges Starren auf den Computerbildschirm
- Marathon-Fernsehen
- „kreischende" Farben
- mikroskopisch kleine Buchstaben in Drucksachen
- Papier- und E-Mailflut

Möglichkeiten zur Schärfung des Sehsinnes:

- Tauschen Sie alteingesessene Plätze, z. B. bei Arbeitsbesprechungen oder beim Essen, dadurch gewinnen Sie eine neue Perspektive.
- Versuchen Sie, Schriftstücke zu lesen, die für Sie auf dem Kopf stehen. Dies ist hilfreich in Besprechungen, bei denen der Gesprächspartner Ihnen gegenüber sitzt.
- Hängen Sie für einen Tag Fotos und Bilder scheinbar „verkehrt" herum auf, (z. B. um 90, 180 oder 270 Grad gedreht) und entdecken Sie so neue optische Reize.
- Entwickeln Sie Phantasien zum Sehsinn: Welche Farben könnten Sie den jeweiligen Tagen der Woche zuordnen?

2. Gehörsinn

Äußere Dimension: Der Hörkanal ist das Sinnesorgan, das immer eingeschaltet ist, sogar im Schlaf. Akustische Reize führen auch unmittelbar zu einer körperlichen Reaktion, von Wohlbefinden über Konzentrationsschwierigkeiten bis zur Schmerzgrenze.

Innere Dimension: Diese Dimension äußert sich in der „inneren Stimme" oder auch in dem viel zitierten „kleinen Mann im Ohr" bzw. seiner weiblichen Entsprechung, der „kleinen Frau im Ohr", die ihre Kommentare zu verschiedenen Situationen ins Ohr wispern.

Mögliche Gründe für das Abstumpfen des Gehörsinnes im Alltag:

- der Geräuschpegel, teilweise Lärmpegel, dem man in Städten täglich ausgesetzt ist
- mehrere Telefone in einem Raum
- Hintergrundmusik, die oft gar nicht mehr bewusst wahrgenommen wird, (z. B. im Lift oder Supermarkt)
- diffuses, halblautes Gemurmel auf Messen oder Empfängen
- „knatternde" Klimaanlagen
- Baustellen vor dem Büro
- parallel geführte Gespräche mit Mobiltelefon auf engstem Raum, z. B. bei Tagungen

Möglichkeiten zur Schärfung des Gehörsinnes:

- Schließen Sie in Fahrzeugen (die Sie nicht selber steuern) die Augen und stellen Sie sich die Strecke vor, die Sie gerade zurücklegen. Versuchen Sie zu schätzen, wie weit Sie schon gekommen sind.
- Experimentieren Sie mit verschiedenen Musikarten z. B. in Arbeitspausen, um eine anregende oder entspannende Wirkung zu nutzen.
- Beachten Sie die Töne und Geräusche in Ihrer Umgebung ganz gezielt: Wie hört sich das Klappern Ihrer Computertastatur an? Wie laut quietscht ein Radiergummi beim Ausradieren? Welche Geräusche gibt es, wenn Ihr Bürostuhl auf dem Boden rollt?
- Entwickeln Sie Phantasien zum Gehörsinn: Stellen Sie sich mit Genuss vor, wie Geräusche klingen, die in Comic-Sprechblasen als „Polter", „Schrill" oder „Klickeradomms" umschrieben werden.

3. Geruchssinn

Äußere Dimension: Der Geruchssinn kann tatsächlich Tausende von verschiedenen Düften unterscheiden und wieder erkennen. Durch das Zuordnen eines bestimmten Geruchs können auch Erinnerungen im Gehirn aktiviert werden. Oft wird dieser Sinn allerdings eher „unterschwellig" gereizt und die ankommenden Signale werden nicht bewusst wahrgenommen.

Innere Dimension: Diese Dimension zeigt sich darin, dass jemand „den richtigen Riecher hat" und Unheil wittern kann.

Mögliche Gründe für das Abstumpfen des Geruchssinnes im Alltag:

- ständig laufende Klimaanlagen
- Vermischung von verschiedenen konkurrierenden Gerüchen, z. B. Essensgeruch und Parfüm
- Duftessenzen, die in Überdosis eingesetzt werden
- Versteckte Geruchsüberflutung auf Messen und Veranstaltungen durch Terminals, die Duftstoffe als Mittel des Verkaufens einsetzen.

Möglichkeiten zur Schärfung des Geruchssinnes:

- Verknüpfen Sie Düfte mit Erfolgserlebnissen z. B. Ingwer (anregend), wenn Sie die Korrespondenz erledigen, schnuppern Sie an „Lemontree" (belebend-motivierend), wenn Sie telefonieren, gönnen Sie sich Vergissmeinnicht oder Rosen (einfach nur „Ferienstimmung") für Ihre Pausen
- Gönnen Sie sich neue Düfte in Ihrem Alltag (ein neues Rasierwasser oder Parfüm, ein Duftaroma für die Büroräume, neue duftende Blumen für Ihren Balkon ...)
- Riechen Sie intensiv an den Getränken und Speisen, die Sie zu sich nehmen, bevor Sie diese kosten.
- Nehmen Sie in jedem Raum eine Geruchsdiagnose vor, wenn Sie ihn betreten und öffnen Sie bei Bedarf gleich das Fenster.
- Entwickeln Sie Phantasien zum Geruchssinn: Was werden Sie riechen, wenn Sie ein bestimmtes Projekt erfolgreich abgeschlossen haben? Wie riecht für Sie Zufriedenheit? Wie riecht für Sie Erfolg?

4. Geschmackssinn

Äußere Dimension: Der Geschmackssinn hängt eng mit dem Geruchssinn zusammen. Diese beiden Sinne beeinflussen sich gegenseitig. Tatsächlich können Sie über die Geschmacksknospen sehr feine Nuancierungen der Grundgeschmacksrichtungen wahrnehmen.

Innere Dimension: Diese Dimension bezieht sich auf das Abschmecken im übertragenen Sinn bzw. auf die Aussage „einen guten Geschmack haben."

Mögliche Gründe für das Abstumpfen des Geschmackssinnes im Alltag:

- hastiges Essen von zu heißen Speisen
- überzuckerte Speisen und Getränke
- das Salzen von Speisen, bevor sie probiert wurden
- das übermäßige Konsumieren von Fast Food
- das Fehlen von wirklich guten, sinnlichen Geschmackserlebnissen
- die Angewohnheit, während der Arbeit nur nebenbei zu essen

Möglichkeiten zur Schärfung des Geschmackssinnes:

- Essen Sie etwas, was Sie noch nie gegessen haben, z. B. ein Gemüse, das Sie nur dem Namen nach kennen.
- Kombinieren Sie neue Zutaten beim Essen, z. B. andere Kräuter, verschiedene Beilagen.
- Veranstalten Sie Geschmackstests als Gesellschaftsspiel und vergleichen dabei z. B. den Geschmack verschiedener Schokolade- oder Käsesorten (ohne die Verpackung zu zeigen). Beschreiben Sie diese Geschmackserlebnisse auf sinnliche Weise wie: „Diese Schokolade schmeckt melancholisch bitter."
- Inszenieren Sie „Geschmacksfamilien" wie z. B. Südfrüchte: Orange, Clementine, Mandarine, Limone, Zitrone als Geschmacksbuffet und genießen Sie diese gemeinsam mit Freunden.
- Probieren Sie dieselbe Speise bei verschiedenen Köchen in verschiedenen Restaurants und versuchen Sie die feinen Unterschiede herauszuschmecken.
- Entwickeln Sie Phantasien zum Geschmackssinn: Überlegen Sie, wie Sie im übertragenen Sinne „Biss" in Ihr Projekt bekommen!

5. Tastsinn

Äußere Dimension: Die Haut ist das größte Sinnesorgan, sie umfasst im Durchschnitt 1,7 Quadratmeter. Fünf Millionen Nervenenden in diesem Sinnesorgan melden dem Gehirn Reize. Mit diesem Kanal unterscheiden Menschen Empfindungen wie hart und weich, warm und kalt. Die Reize können flächig oder auf die Größe einer Nadelspitze konzentriert wahrgenommen werden. Bereits eine einzige Bewegung reizt Tausende von „Tast-Antennen".

Innere Dimension: Diese Dimension bezieht sich auf das Spüren im übertragenen Sinn. Es geht dabei darum, die Umwelt zu be-greifen.

Mögliche Gründe für das Abstumpfen des Tastsinnes im Alltag:

- Abschirmung von der Natur und ihren Erscheinungsform, die den Tastsinn reizen, z. B. Regen, Kälte und Wind.
- weniger persönlicher Kontakt durch E-Mails, Videokonferenzen statt persönlichem Besuch
- Reizüberflutung über andere Kanäle, z. B. über den Sehsinn und Gehörsinn
- fehlende Erfahrung mit „echten" Materialien durch den Kontakt mit imitierten Materialien: nachgeahmtes Holz, unechter Marmor, gemischte Materialien wie Kunststoff- und Wollfasern

Möglichkeiten zur Schärfung des Tastsinnes:

- Tasten Sie mit geschlossenen Augen die Oberfläche verschiedener Gegenstände: Glas ist hart und glatt, Metall ist kühl, Kunststoff ist porös und hat Raumtemperatur. Was erspüren Sie noch?
- Überlegen Sie, wie sich ein Begriff wie „knallweich" oder „butterfest" anfühlen könnte.
- Öffnen Sie kurze Zeit das Fenster und lassen Sie sich von Kälte oder Wärme, Lufthauch oder Wind, Regenschauer, Schnee oder Hagel „reizen".
- Entwickeln Sie Phantasien zum Tastsinn: Stellen Sie sich vor, in Ihrem Büro ist ein verborgener Wandsafe. Was halten Sie in Händen, wenn Sie hineingreifen?

Der interdisziplinäre Perspektivwechsel

Die Grundvoraussetzung für einen interdisziplinären Perspektivwechsel ist geistige Flexibilität und die Bereitschaft, sich mit anderen Meinungen, Welt- und Menschenbildern und darin enthaltenen Denk- und Verhaltensweisen auseinanderzusetzen.

Interdisziplinäre Forschungsteams verbinden Expertenwissen unterschiedlicher Wissenschaften, suchen nach allgemeingültigen Strukturen und Analogien, die sich auf das neue, bevorstehende Problem übertragen lassen. Nur die Vernetzung der Sichtweisen statt Trennung der Einzelinterpretationen garantiert hier einen möglichst facetten- und aufschlussreichen Erkenntnisfortschritt.

Im Team gibt es Inspiration und fachlichen Austausch. Diese Anregungsvielfalt führt zu einzigartigen Leistungen. Und das gilt nicht nur in der Forschung. Ein Team kann zu einer Synergiegemeinschaft werden, in denen jeder durch das spezifische Wissen und die individuellen Fähigkeiten des Einzelnen profitiert und bessere Arbeitsergebnisse als in der Einzelarbeit erzielt.

Die Vorteile von interdisziplinären Synergiegemeinschaften bestehen in Folgendem:

- Probleme werden schneller erkannt, weil vielfältige Wahrnehmungen zur Verfügung stehen.
- Meinungsvielfalt sorgt dafür, dass diese Probleme nicht nur einseitig, sondern mit Multiperspektive erörtert werden.
- So kommen mehr Problemlösungsperspektiven in den Blick.
- Dies eröffnet mehr Handlungsalternativen durch die vorhandene Erfahrungsvielfalt.
- Individuelle Ressourcen lassen sich intensiver nutzen, weil durch den Austausch von Wissen ein gegenseitiger Lernprozess in Gang gesetzt wird.
- Mit verschiedenen Altersstufen besetzte Teams ermöglichen einen generationsübergreifenden Know-how-Transfer.
- Mit Frauen und Männern in einer ausgewogenen Dosierung besetzte Teams gewährleisten eine gender-orientierte Vielfalt.

- Ein anregendes Arbeitsklima kann den Zugang zur Kreativität erleichtern.
- Die individuelle Belastbarkeit der Teammitglieder erhöht sich durch ein stützendes Umfeld („Wir-Gefühl").
- Bei interkulturell besetzten Teams entwickelt sich ein kulturübergreifendes Prozessverständnis, das sich in internationalen Projekten als Wettbewerbsvorteil herausstellt.

Diese Vorteile entfalten sich in gleicher Weise in allen Arbeits- und Projektteams – nicht nur in Experten – und Forschergruppen. Moderne Managementinstrumente zur Wettbewerbsanalyse wie z. B. Benchmarking suchen nach den besten Praktiken zur Bewältigung von betrieblichen Leistungserstellungsprozessen – auch branchenübergreifend. Somit kann beispielsweise untersucht werden, wie Unternehmen verschiedenster Wirtschaftszweige das Problem hoher Fluktuationsraten lösen. Die einzelnen Lösungsansätze, insbesondere die anderer Branchen, werden auf ihren zu realisierenden Anteil im eigenen Unternehmen überprüft. Wer neue Wege gehen will, sollte sich von branchen- und betriebsinternen Gewohnheiten frei machen und Anregungen anderer Bereiche sammeln. Wenn alle Beteiligten über dieselbe Art von Wissen, ähnliche Grundannahmen und Einschätzungen verfügen, so werden sie immer wieder dieselben Strategien und Maßnahmen entwickelt. Auf diese Weise sind Wettbewerbsvorsprünge durch innovative Ideen nur schwer zu erreichen. Es kann sich also durchaus als Vorteil heraus stellen, wenn man *nicht* zur selben Branche gehört und *nicht* auf jahrelanges Expertenwissen in diesem Bereich zurückgreifen kann.

Die Frage: „Sind Sie denn eigentlich aus unserer Branche?" bzw. „Haben Sie denn eigentlich Branchenerfahrung?", ist selbstverständlich legitim und zuweilen angebracht. Doch meist schwingt in ihr auch ein Hauch Misstrauen mit, ob denn ein Branchenfremder überhaupt geeignet ist, ein Arbeitsteam auf der Suche nach neuen Lösungen unterstützen zu können. Es liegt auf der Hand, dass ein Team ohne jegliches Expertenwissen der eigenen Branche wahrscheinlich bei komplexeren und spezielleren Aufgabenstellungen scheitern wird.

Falls man z. B. kalorienreduziertes Speiseeis produzieren will, das genauso cremig und schmackhaft ist wie die sahnige Variante, so bedarf es einiger Fachkenntnisse aus der Lebensmittelbranche zur Entwicklung eines derartigen Produktes. Doch selbst in einem solchen Entwicklungsteam ist ein Blick über den Tellerrand sinnvoll. Und dieser Impuls kann genau von einer „außen stehenden" Person kommen. Meistens sind diese eher dazu in der Lage, Fragen zu stellen bzw. Bisheriges in Frage zu stellen. Denn für sie sind feststehende Regeln und Gesetzmäßigkeiten der Branche entweder unbekannt oder nicht verbindlich gelernte Rahmenbedingungen. Mit dieser Distanz kann es somit gelingen, mutige Übertragungen aus einem Wissensgebiet auf ein anderes vorzunehmen und die scheinbar naive Frage zu stellen „Was wäre denn, wenn...?" Überzeugend verkörpert dies eine Printanzeige, in der es heißt: „Danach hat uns bisher noch niemand gefragt – Kompliment!"

Besonders im Erleben und beim Begleiten kreativer Prozesse ist es somit wichtig, sich im Rahmen einer facettenreichen Problemdefinition darüber auszutauschen, ob alle an der Ideen-Findung Beteiligten ihre jeweiligen Einschätzungen und Sichtweisen dargestellt haben und ob eine gemeinsame Wahrnehmung der Aufgabenstellung gefunden wurde. Andernfalls kann es sehr leicht passieren, dass jeder insgeheim an einer anderen Aufgabe arbeitet. Dabei kann ein völlig unterschiedliches Problembewusstsein herrschen. Oft wird dies erst in der Ideenbewertungsphase festgestellt. Dann wurden allerdings bereits viele Teamressourcen verschwendet.

Um im Tagesgeschäft den interdisziplinären Perspektivwechsel zu fördern, empfehlen wir Folgendes:

- Ziehen Sie öfter Personen aus anderen Unternehmen, Abteilungen und mit anderem Lebenshintergrund zu Diskussionen heran.
- Präsentieren Sie Ihre Ideen auch vor Fachfremden und Außenstehenden.
- Setzen Sie sich für gemischte Arbeits- und Projektteams ein, in denen verschiedene Wissensdisziplinen vertreten sind.
- Lesen Sie mehrere Zeitungen, Zeitschriften und Magazine zu einem Sie derzeit beschäftigenden Thema und bilden Sie sich eine facettenreiche eigene Meinung.
- Integrieren Sie bei Produktentwicklungen unvoreingenommene Fachfremde, Außenstehende wie es z. B. im Rahmen von Zielpersonen-Workshops, Innovations-Workshops und in der Marktforschung durch Fokusgruppen-Interviews üblich ist.

1.5 Umgang mit Kreativitätsvampiren
Störfaktoren und Ideenkiller erkennen und abwehren

Kreativitätsvampire sind die Störfaktoren und Ideenkiller, die „kreative Energie“ absaugen. Wie Sie diese identifizieren und welche Voraussetzungen für ein weitgehend kreativitätsvampirfreies Arbeiten zu schaffen sind, lesen Sie in diesem Kapitel.

„Kreativitätsvampir“ ist der inoffizielle Sammelbegriff für kreativitätshemmende Faktoren, die so manches schwungvolle Vorhaben zum Scheitern bringen. Dabei sind Kreativitätsvampire im Sinne von Ideenkillern allerdings nicht gleichzusetzen mit Personen, die sich negativ auf Kreativität auswirken, sondern es handelt sich um einflussnehmende Größen, die sich im eigenen Verhalten manifestieren.

Kreativitätsvampire haben sich in allen Branchen und Lebensbereichen angesiedelt und oft gelingt es ihnen, Kreativität im Keim zu ersticken und damit jede Entwicklung und jeden Fortschritt zu sabotieren. Daher ist es ratsam, die Kreativitätsvampire im eigenen Umfeld zu erkennen und abzuwehren. Dies beginnt mit der Beobachtung, wie es ihnen gelingt, sich festzubeißen.

Die im Kindesalter noch vorhandene Ur-Kreativität nimmt im Laufe des Lebens ab, wenn sie nicht regelmäßig gepflegt und trainiert wird. Meist findet dieser Prozess schleichend, kaum wahrnehmbar, statt. Und plötzlich befindet man sich, überspitzt ausgedrückt, in folgendem Szenario:

- Man findet keine Lösungen mehr für die zu bewältigenden Aufgabenstellungen.
- Man hat sich gedanklich festgefahren, ist in bestimmten Denk- und Verhaltensmustern gefangen.
- Man glaubt nur noch an die Existenz einer einzigen Wirklichkeit, und oft ist dies eine starre „Schwarz-Weiß-Realität.“
- Dadurch fühlt man sich gelähmt und antriebslos.

Dies sind günstige Voraussetzungen für Kreativitätsvampire, die sich bevorzugt in einer solchen Umgebung ansiedeln.

Einige der stärksten Kreativitätsvampire sind:

- Angst
- Expertentum
- Perfektionismus
- Prinzipien
- Routine
- Stress
- Informationsflut
- Zweifel

Die genannten kreativitätshemmenden Faktoren bergen jedoch gleichzeitig auch etwas Positives in sich. Diese beschriebenen Grundzustände können auch dabei helfen, mehr Sicherheit und Orientierung in komplexen Lebenszusammenhängen zu finden. Jede Blockade in Form von Widerstand gegen Erneuerungen bietet ebenso Schutz vor als Bedrohung empfundenen Veränderungen. Wenn allerdings eine gewisse Dosis überschritten wird, so zeigt sich die eher hemmende Seite durch innere Bremsen.

Im Folgenden liefern wir Ihnen in Form von Steckbriefen ausführliche Informationen zu den wichtigsten Kreativitätsvampiren, ihrer Wirkungsweise und möglichen Abwehrmaßnahmen.

Kreativitätsvampir Angst

Angst ist eine Sicherheitsvorkehrung des Menschen, sich nicht in gefährliche Situationen zu begeben und somit keine lebensbedrohlichen Risiken einzugehen. Gleichzeitig verursacht Angst aber eine (Gedanken)-lähmung, da der menschliche Körper in Angstzuständen Hormone freisetzt, die ihn im wahrsten Sinne erstarren lassen. Das „Kaninchen-vor-der-Schlange-Syndrom" führt dazu, keinen klaren Gedanken mehr fassen zu können, sich entweder körperlich oder/und geistig nicht mehr rühren zu können. Kreative Problemlösestrategien können dann nicht mehr entwickelt werden.

Veränderungen bzw. Umgang mit Neuem ist keineswegs gleichzusetzen mit gefährlichen Situationen. Doch da man im Vorfeld noch nicht weiß, welche Konsequenzen eine Veränderung mit sich bringen wird, fühlt man sich teilweise unsicher. Genau das ist es, was einen zögern lässt und was einem auch Angst davor machen kann, neue Wege zu gehen. Es ist ja nicht so, dass manche Menschen aus Prinzip veränderungsresistent sind. Niemand lehnt etwas ab, nur um ablehnend zu sein. In den meisten Fällen geht es um die Überwindung von Ängsten unterschiedlicher Art. Veränderungen bedeuten eben auch, dass die davon Betroffenen sich in einem Lernprozess befinden. Schließlich geht es um Neues und da man dies noch nicht kennt und im Griff hat, muss man seine Erfahrungen machen. Das bedeutet, bewährte und bekannte Verhaltensweisen zu überprüfen und sich davon teilweise auch zu verabschieden. Und mancher muss lernen, mit seiner „Neo-Phobie" (der Angst vor dem Neuen) umzugehen und die dadurch ausgelösten Widerstände zu überwinden. Ein Vorbild hierbei ist der weltberühmte Choreograph John Cranko:

> „Keine Ahnung, warum Menschen Angst vor neuen Ideen haben. Ich jedenfalls fürchte mich vor den alten ..."
> John Cranko (1927-1973), britischer Tänzer und Choreograph

Widerstand kann psychologisch wie folgt definiert werden: Es ist der Schutz des Individuums vor Identitätsverlust und eine Barriere gegen Veränderungen, die als Intervention in das bisherige Denk- und Verhaltensmuster begriffen werden. Widerstand ist somit ein Bedürfnis nach Stabilität in Bezug auf Veränderungen in sozialen Systemen. Widerstand ist ein Ausdruck von subjektiv empfundenen Risiken und Ängsten.

Er kann sich dabei in unterschiedlichen Erscheinungsformen äußern: Offener Protest, keine Gesprächsbereitschaft oder Verweigerung sind die massiven Erscheinungsformen. Doch existieren auch leisere Formen, die viel schwerer zu erkennen sind: Ausweichen, Gleichgültigkeit, gezielte Fehlinformation, Duldung, innere Kündigungshaltung. Es kommt auch vor, dass Widerstände den Betroffenen selbst gar nicht bewusst sind, sich also somit auch nicht sichtbar äußern. Diese Widerstandsform teilt sich nur zögerlich und mittelbar mit, doch sie ist zugleich in ihrer Wirkung als Beharrungskraft problematischer, weil sie oft unerwartet und meist schon in späten Phasen der zu realisierenden Neuerung eintritt. Beispiele hierfür sind: Hochhalten von Traditionen und Tabus, Verleugnen von Problemen, Überanpassung und übereifriges Akzeptieren, widerstandsloses Hinnehmen ohne Fragen, betont sachliche Argumente in den Vordergrund schieben. Prinzipiell ist zwischen emotional begründetem Widerstand und zwischen rational begründetem zu unterscheiden. Während rational begründeter Widerstand relativ leicht durch sachliche und gezielte Informationspolitik reduziert werden kann, ist emotional begründeter Widerstand weitaus komplexer. Hierbei ist zunächst zu ergründen, ob die genannten Einwände und Befürchtungen eher Vorwände sind, um das gesamte Vorhaben, welches Ängste auslöst, zu boykottieren. Emotional bedingte Einwände müssen darüber hinaus auch in ihren subtilen Erscheinungsformen sensibel wahrgenommen und aufgespürt werden. Forsches Verordnen nach dem Motto: „Wen wir nicht überzeugen, den stellen wir einfach vor vollendete Tatsachen“, hilft hier nicht weiter, sondern verschärft die Situation.

Gegenmaßnahme:
Finden Sie die Gründe für Ihre Angst heraus. Wovor fürchten Sie sich tatsächlich? Spielen Sie gedanklich die einzelnen „Worst-case-Szenarien“ durch und fragen Sie sich: „Was kann mir im allerschlimmsten Fall passieren?“

Machen Sie sich vorab mit möglichen Risiken vertraut und überlegen Sie sich Strategien, wie Sie diesen Risiken begegnen wollen. Somit sind Sie auf den „Ernstfall“ vorbereitet und kennen die Rahmenbedingungen. Oft reduzieren sich dadurch die Sorgen und manches, das zunächst bedrohlich aussah, entpuppt sich bei näherer Betrachtung als ein Scheinriese. Bewusst und aktiv in die Angst hineingehen ist eine wirkungsvolle Bekämpfungsstrategie. Auf diese Weise setzen Sie sich mit der Angst auseinander, anstatt sie zu leugnen und unter den Tisch fallen zu lassen, wo sie latent immer noch vorhanden wäre und Ihr weiteres Handeln maskiert beeinflussen könnte.

Speziell zum Umgang mit Unsicherheit empfiehlt sich die „Risikobetrachtung“. Sie ist als gedanklicher Probelauf geeignet, um festzustellen, vor welchen Konsequenzen einer Entscheidung man sich denn nun wirklich fürchtet, und um diese in ihrer Tragweite einschätzen zu können.

Die Risikobetrachtung

Die mit einer Entscheidung verbundenen Risiken lassen sich vereinfacht in drei Grundkategorien einteilen:

Funktionale Risiken:

- Wird die Entscheidung zu dem gewünschten Ergebnis bzw. dem angestrebten Ziel führen?
- Welcher Nutzen ist mit dieser Entscheidung verbunden oder von ihr zu erwarten?
- Wie lange bindet diese Entscheidung an die damit verfolgte Handlungsalternative?
- Wie flexibel ist ein Wechsel zu einer anderen Alternative gestaltbar?
- Wie schnell verändern sich die Rahmenbedingungen, die zu gerade dieser Entscheidung geführt haben? Wie schnell ist die getroffene Entscheidung also überholt?
- Ist genau jetzt der richtige Zeitpunkt, um sich durch diese Entscheidung festzulegen?
- Konnten alle für die Entscheidung relevanten Informationen als Grundlage eingeholt werden?
- Wie lässt sich die Entscheidung vereinbaren mit bisherigen Verfahrensweisen und der bestehenden Organisationskultur?

Finanzielle Risiken:

- Ist der Aufwand, also Zeit, Mühe und tatsächliche Kosten in Bezug auf die zu erwartenden Ergebnisse angemessen?
- Welche Ressourcen bindet die Entscheidung?
- Kann es bei dieser Entscheidung zur Verschwendung von Ressourcen kommen?
- Welche Folgekosten und nachfolgenden Aufwendungen sind mit dieser Entscheidung verbunden?

Imagebezogene Risiken:

- Wie glaubwürdig gelingt es, die getroffene Entscheidung vor anderen, gegebenenfalls auch Kritikern und Gegnern zu vertreten?
- Wie kompetent wirkt der Entscheidungsträger gegenüber den in die Entscheidung involvierten Personen?
- Wie einschränkend wird die getroffene Entscheidung empfunden?
- Ist es eine zeitgemäße, nachvollziehbare und akzeptable Entscheidung?
- Welchen Status kann sich der Entscheidungsträger durch die getroffene Entscheidung verschaffen?
- Wird diese Entscheidung als einsame „one-person-decision" betrachtet oder gelingt es, alle an dem Entscheidungsprozess beteiligten Personen wirklich zu überzeugen?
- Mit welchem Widerstand rationaler Art ist zu rechnen?
- Mit welchem Widerstand emotionaler Art ist zu rechnen?

Kreativitätsvampir Expertentum

Je ausgeprägter der Wissensstand ist, um so eher werden zu ergründende Phänomene durch fixierte Sichtweisen interpretiert. Das Bewegen innerhalb eines „Mikrokosmos" des Spezialwissens führt häufig dazu, dass der bereichernde Perspektivwechsel zwischen Detailanalyse und der ganzheitlichen Betrachtung im Überblick auf eine immer tiefer gehende Spezialanalyse reduziert wird.

Eine andere Ausprägung des verkürzten Expertenblickwinkels besteht in der Tendenz, die angewandten Methoden, Techniken und Erklärungsmuster gar nicht mehr zu hinterfragen. Oft ist es ein langer und steiniger Weg, bis man sich den Status eines Experten erarbeitet hat. Dieses Terrain verlässt niemand gerne und schon gar nicht freiwillig. Hinzu kommen oft Bequemlichkeit und die Unlust, bestehendes Wissen und bereits Erforschtes erneut in Frage zu stellen, wenn man bereits auf hohem Niveau angelangt ist. Damit erweist sich ein stark ausgeprägtes Vertrauen in erworbenes Fachwissen paradoxerweise als Fortschrittshemmnis durch Selbstzufriedenheit und stellt einen gefährlichen Kreativitätsvampir dar.

Gegenmaßnahme:
Erhalten Sie sich Ihre Neugier im Wortsinne als „Gier auf Neues". Der erste Schritt zur kreativen Ideenfindung ist, die kindliche Neugier und den experimentellen Forschergeist (wieder) zu erwecken. Üben Sie sich täglich darin, zuerst viele Fragen zu stellen, auf die Sie in diesem Moment noch gar keine Antworten (und schon gar keine perfekt ausgereiften) geben müssen. Beachten Sie dabei auch scheinbar Unwesentliches. Das hat schon vor Jahrhunderten gewirkt:

> „Die Neigung der Menschen, kleine Dinge für wichtig zu halten, hat sehr viel Großes hervorgebracht."
>
> Georg Christoph Lichtenberg (1743-1799),
> deutscher Philosoph, Naturwissenschaftler und Publizist

Nehmen Sie die Perspektive des Unwissenden ein: Der Unwissende sucht und fragt; deswegen kann er leichter Neues finden, der Wissende fragt nicht (mehr) nach, deshalb bleiben ihm viele Erkenntnisfenster verschlossen.

Sammeln Sie Ihre Fragen in einem Fragenpool. Nun können Sie die übergeordneten Fragen in differenziertere Unterfragen zerlegen: Greifen Sie dazu täglich eine heraus, über die Sie an diesem Tag zehn Minuten intensiv (d. h. auch in Ruhe) nachdenken wollen.

Kreativitätsvampir Perfektionismus

Hohes eigenes Anspruchsniveau, Ehrgeiz und Qualitätsbewusstsein, Zielvorstellungen und die Bereitschaft, das Beste zu geben, tragen dazu bei, Herausforderungen motiviert anzunehmen und sich dadurch weiter zu entwickeln. Tiefer betrachtet steht dahinter allerdings auch die Angst vor Blamagen und Misserfolgen.

Allzu oft entpuppen sich Perfektionismus und „Genie-Legenden" als Hemmschuhe, um überhaupt mit einer Aufgabe anzufangen. Es besteht die Befürchtung, den hohen Ansprüchen überhaupt nicht mehr gerecht zu werden. Dabei werden diese Ansprüche keineswegs immer nur von anderen Personen gestellt, sehr wirkungsvoll sind gerade bei Erwachsenen die eigenen inneren Zensoren und Kritiker. Das Ergebnis ist dann mindestens genauso unbefriedigend, da es im Grunde keinen Unterschied macht, ob man Ideen hat und sie nicht umsetzt oder ob man gar keine Ideen hat. Fehler liefern wertvolle Erkenntnisse und stellen bei genauer Analyse Lernchancen und Erfahrungswerte zur Verfügung, auf die im weiteren Entwicklungsprozess zurückgegriffen werden kann. Ein bekannter Geschäftsmann und Marketingspezialist sagt dazu:

> „Fehler, aus denen man lernen kann, sollte man möglichst früh machen."
>
> Aldo Gucci (1905-1990), italienischer Modedesigner

Gegenmaßnahme:
Setzen Sie sich mit Ihren verinnerlichten „Antreibersätzen" auseinander. Formulieren Sie diese in „Erlaubersätze" um, die Ihnen verdeutlichen, dass Sie guten Gewissens ab und zu vom Kurs des Durchhaltens-um-jeden-Preis abweichen dürfen und dennoch erfolgreich und beliebt sein können. Überprüfen Sie Ihre Ziele realistisch auf Umsetzbarkeit und Erreichbarkeit, überdenken Sie Ihren Zeitplan und untergliedern Sie Ihre Ziele in kleinere Zieleinheiten. Loben Sie sich und gönnen Sie sich, nach-

dem Sie einen Zielschritt erreicht haben, eine kleine Belohnung, bevor Sie an die Realisierung des nächsten Schrittes gehen.

Vergegenwärtigen Sie sich, dass niemand auf allen Gebieten hervorragende Leistungen erbringen kann. Selbst als Genies geltenden Persönlichkeiten wie Albert Einstein, Pablo Picasso, Marie Curie, um nur einige zu nennen, entfalteten ihre Kreativität nicht in allen Wissensbereichen, sondern konzentrierten sich auf ihr Spezialgebiet. Bei allem Wissensdrang und Engagement – sobald Allmachtsphantasien Sie im Handeln blockieren, besinnen Sie sich darauf, was Sie wirklich gut können. Suchen Sie sich Synergiepartner, die genau jene Fähigkeiten und Fertigkeiten besitzen, welche die Ihren sinnvoll und effektiv ergänzen.

Kreativitätsvampir Prinzipien

Prinzipien drücken feste Werte und Wertvorstellungen aus, dienen als Richtschnur des Handelns und tragen zu einheitlicherem gemeinsamen Auftreten bei, wenn sie in Form von Leitlinien oder im Rahmen von Organisationsgrundsätzen veröffentlicht werden. Anhänger eines bestimmten Wertegefüges finden darin die Bestätigung ihrer eigenen Überzeugungen und können sich an ihren Regeln orientieren. Rituale stärken den Einzelnen sowie das Zusammengehörigkeitsgefühl einer Gruppe – sowohl im beruflichen wie im privaten Lebensbereich. Leider stellen zu starre Regelwerke oft geistige Zwangsjacken dar, grenzen anders denkende, sich anders verhaltende Menschen aus und führen beim Einzelnen eher zu Denkverboten, welche daran hindern, die herkömmlichen – aber abgesicherten – Pfade zu verlassen.

Gegenmaßnahme:
Kennen Sie den folgenden Ausspruch?

> „Falls Sie in den vergangenen Jahren keine wichtigen Überzeugungen aufgegeben haben oder neue angenommen haben, dann sollten Sie einmal Ihren Puls fühlen. Vielleicht sind Sie schon tot."
>
> Frank Gelett Burgess (1866-1951),
> amerikanischer Humorist und Illustrator

Dieses Zitat bringt es auf den Punkt. Leben heißt Veränderung und es kann riskant sein, sich ständig auf Bewährtes zu verlassen. Überprüfen Sie die Ihren Alltag bestimmenden Prinzipien auf ihre Gültigkeit. Stellen Sie sich die Frage: „Hat dieses Prinzip hier Gültigkeit, ist diese Regel hier sinnvoll angewendet?"

Ein treffendes Beispiel ist die Geschichte von Oscar Wildes Schneider. Oscar Wilde erzählte, dass dieser Spezialist jedes Mal, wenn er einen Auftrag bearbeitete, vollkommen neu Maß nahm. Egal, ob Wilde vor einem Monat oder einer Woche das letzte Mal da gewesen war – der Schneider sah nichts als immerwährendes Prinzip an, er verließ sich nicht auf die bestehenden Regeln, sondern überprüfte jederzeit den Status quo – mit dem Ergebnis, dass der Anzug dann tatsächlich passte.

Kreativitätsvampir Routine

Ein reichhaltiger Erfahrungsschatz, auf den Sie jederzeit zurückgreifen können, bietet Sicherheit und stellt eine wesentliche Erleichterung im beruflichen wie privaten Alltag dar. Wenn man alles, was man tut, permanent hinterfragte, käme man sicherlich gar nicht mehr zum Handeln. Andererseits stellt Routine einen der beharrlichsten Innovationshemmer dar. Durch zwanghaftes Festhalten an eingeschliffenen Denk- und Verhaltensmustern etablieren sich die „Das haben wir immer schon so gemacht"- und „Das ist eben so"-Sätze in unserem Denken, die erheblich dazu beitragen, dass sich bald gar nichts mehr bewegt. Dies bestätigt ein international bekannter Querdenker:

> „Fortschritt ist nur möglich, indem man intelligent gegen die Regeln verstößt."
>
> Boleslaw Barlog (1906-1999), deutscher Regisseur

Gegenmaßnahme:
Achten Sie bei sich selbst auf derartige Beharrungssätze. Jedes Mal, wenn Sie sich dabei ertappen, einen solchen Satz zu denken oder gar laut auszusprechen, vergewissern Sie sich, ob Routine im entsprechenden Fall tatsächlich hilfreich und entlastend ist. Klären Sie für sich, welche Bedenken Sie gegen bevorstehende Veränderungen haben. Überprüfen Sie

öfter gezielt, was passiert, wenn Aufgabenstellungen einmal anders als herkömmlich bewältigt werden. Nehmen Sie sich die notwendige Zeit, um das „Was wäre, wenn ...“-Spiel zu spielen. Lassen Sie sich von anderen Menschen anregen, die dieselben Aufgaben anders bewältigen und ebenfalls zum Ziel gelangen. Muss es wirklich immer in der altbekannten Weise sein? Muss das Ablagesystem tatsächlich in dieser Form gestaltet sein? Muss der Weg von A zu D wirklich immer über B und C laufen oder gibt es zu dieser festgefahrenen Route eine Alternative?

Kreativitätsvampir Stress

Einige Menschen behaupten von sich, sie könnten ohne Hektik und Druck gar nicht arbeiten, weil ihnen der eigene Antrieb, die Selbstdisziplin fehle. Außengeleiteter Druck verursacht Stress, der für die einen positiver Antriebsmotor, für die anderen krankmachender Stressor ist. Herausforderungen können sich zu Überforderungen entwickeln, wenn die individuelle Belastbarkeitsgrenze überschritten wird. Häufig bewirken Hektik und (Zeit-)druck zwar tatkräftige Aktionen, doch bei näherem Hinsehen entsteht meist wilder Aktionismus, der zielgerichtetes Handeln eher verhindert als fördert. Rundumschläge ohne Prioritätensetzen lassen meist alle Bemühungen und Anstrengung verpuffen.

Gegenmaßnahmen:
Finden Sie Ihre individuellen Stressquellen heraus. Welche davon liegen in Ihnen selbst begründet, kommen also von innen? Welche werden von außen z. B. durch gesellschaftliche, betriebliche, familiäre Rahmenbedingungen verursacht?

Überprüfen Sie Ihre Einstellung zum Phänomen Stress. Sind auch Sie schon einmal der Gedankenfalle unterlegen, Stress sei ein Indikator für den Erfolg und die Wichtigkeit einer Person? Lernen Sie Ihr Belastbarkeitsmaß kennen. Sorgen Sie für Entspannung und Ausgleich. Machen Sie gezielt und bewusst Pausen.

Kreativität benötigt Freiräume, um sich vollständig entfalten zu können, dies schließt Hektik weitestgehend aus. Wer nie Zeit hat, sich in Ruhe zurückzuziehen, findet auch niemals Zeit zum Nachdenken und hat den Kopf nicht frei, an neuen Ideen zu arbeiten.

Deshalb gilt auch die Empfehlung: Wenden Sie Techniken des Zeit- und Selbstmanagements an, damit Sie die gesetzten Ziele durch das Priorisieren Ihrer Aufgaben effektiver und kräfteschonender erreichen. Auf dies Weise gewinnen Sie an Lebensqualität und Energie für die wirklich wichtigen Aufgaben in Beruf und Privatleben und verschaffen sich kreative Freiräume.

Kreativitätsvampir Informationsflut

Über eine breite Informationsbasis zur Problemstellung zu verfügen, ist hilfreich und ermöglicht eine umfassende Problemanalyse sowie den Entwurf zahlreicher Lösungsansätze. Aufmerksames Beobachten und Infragestellen löst Informationsbedarf aus. Doch zu viel des Guten kann hier ebenfalls hinderlich sein und das komplette Gegenteil bewirken: Wenn man den Schreibtisch mit angehäuftem Informationsmaterial zuschaufelt, ist dies weder ein optischer noch ein innerer Anreiz zum Anfangen. Innere Ablehnung und Überforderungsgefühle zehren an der Entfaltung der kreativen Kräfte. Erste Impulse sind: „Hilfe, ich ersticke – nichts wie weg!", und rufen nicht selten ein – zumindest inneres – Fluchtverhalten hervor.

Gegenmaßnahme:
Sammeln Sie Informationsmaterial zu festgelegten Phasen. Dann verordnen Sie sich einen „Redaktionsschluss". Danach wird nichts mehr angenommen. Nun sichten und strukturieren Sie die zur Verfügung stehenden Informationen und verarbeiten die zu verwertenden Aspekte. Erst dann beginnen Sie erneut mit dem Sammeln von Informationen. Bereits aufgehäuftes Informationsmaterial sollte allerdings nicht dauerhaft auf Ihrem Schreibtisch gelagert werden. Neue Gedanken brauchen zu ihrer Entfaltung Platz! Legen Sie sich ein gut organisiertes und strukturiertes Archiv an, so dass Sie jederzeit Zugriff darauf haben.

Kreativitätsvampir Zweifel

Zweifel schützt vor unüberlegtem Handeln und vor Gefahren, die nicht erkennbar sind ohne den „Sicherheitsknopf" des Innehaltens und die Beschäftigung mit Fragen wie: „Ist das wirklich gut für mich?", „Kann das auch tatsächlich funktionieren?"

Zweifel an althergebrachten Verhaltensweisen ist sogar ein Bestandteil der *Kreativen Unzufriedenheit*. Wer es aber zulässt, dass die kritischen inneren Stimmen immer aggressiver werden, den quält bald Selbstzweifel, der dem gesamten Handeln massiv entgegensteht. Zu starre Paradigmen werden zu inneren Grenzen, die oft unüberwindbar erscheinen. Da diese zunehmend als reale Grenzen angesehen werden, bringt mancher den Mut zur Grenzüberschreitung kaum mehr auf.

Gegenmaßnahme:
Identifizieren Sie die Aussage der inneren Miesmacherstimme, die Ihrer Meinung nach die meisten kreativen Kräfte absaugt. Formulieren Sie diese Aussage so um, dass sie eine Ermutigung enthält, sich ab und zu auch einmal anders verhalten zu können. Beginnen Sie diesen Satz mit „Ich". Damit schaffen Sie sich einen Freiraum, mit dem Sie neue Erfahrungen machen können. Beispiel: „Das schaffe ich nie!" Mögliche Umformulierung: „Ich weiß, dass ich es schaffen kann, weil ich mich intensiv auf diese Aufgabe vorbereitet habe."

1.6 Kreatives Klima

Innovationsfördernde Rahmenbedingungen schaffen

Um die Angriffsfläche für Kreativitätsvampire zu verringern, sind innovationsfördernde Rahmenbedingungen zu schaffen. Denn nur in einem solchen Umfeld werden andersartige Ideen (anstatt immer nur die gleichen) entstehen. Was kann jeder Einzelne tun, was kann innerhalb eines Teams und innerhalb einer Organisation unternommen werden, um zu einem Kreativen Klima beizutragen?

Eigentlich, so denkt man sich, sollte es doch sonnenklar sein, dass Organisationen von kreativen Mitarbeiterinnen und Mitarbeitern profitieren. Denn schließlich sind es ja diese, die eine Organisation ausmachen. Jeden Tag können neue Ideen dazu beitragen, die Wettbewerbsfähigkeit der Organisation zu verbessern. Täglich können somit jede und jeder Geld, Zeit und andere Ressourcen sparen, Betriebsaktivitäten optimieren, die Kundenzufriedenheit steigern und damit zu erhöhter Kundenbindung beitragen. Und manches Mal können auf diese Weise sogar Ideen zu Innovationen werden. Vorausgesetzt, es herrschen innovationsfördernde Rahmenbedingungen, die es den Menschen innerhalb der Organisation ermöglichen, dass sich kreative Potenziale auch entfalten dürfen. Die Rede ist von einem *Kreativen Klima*. Doch wie sieht es zuweilen im Alltag aus?

In manchen Organisationen bzw. einzelnen Abteilungen regiert das Prinzip der „irreführenden Führung". Dabei gibt es extreme Abweichungen von dem Gesagten zum Verhalten. Widersprüche von Erwartungen und Ansprüchen einerseits und tatsächlicher Unterstützung bei der Aufgabenerfüllung andererseits führen zu Verunsicherung. Die erklärten Leitlinien und die real zugebilligten Kompetenzen sind überhaupt nicht deckungsgleich. Wenn jedoch eine innovationsfördernde Organisationskultur aktiv gelebt werden soll, liegt die Verantwortung dafür nicht zuletzt bei den Führungskräften.

> „Die Kraftquelle für Innovation in jedem Unternehmen ist die Wechselwirkung zwischen der Kreativität des einzelnen und der Kreativität seines Umfeldes. Es ist allerdings auch wichtig, sich vor Augen zu halten, dass das Management einen Einfluss auf die kreative Umgebung und umgekehrt haben kann."
>
> Simon Majaro, Innovationsberater

Dabei geht es um die konkrete Gestaltung des Arbeitsalltags:

- Wer ist zuständig für was?
- Wie weit reicht der zugebilligte Handlungsspielraum?
- Welche Ressourcen werden benötigt?
- Welche inneren Bilder herrschen im Kopf der Führungskraft, die sie bei der Auftragserteilung an andere nicht kommunizierte?

Kommunikative Lücken und heimliche Erwartungshaltungen tragen erheblich zu Verunsicherungen bei und bilden den Ursprung vieler Konflikte. Eigenverantwortliches Arbeiten im Sinne des „Unternehmers im Unternehmen" als Leitmotiv auf Managementebene passt häufig nicht zusammen mit den im Tagesgeschäft gemachten Erfahrungen, bzw. mit dem Führungsstil des Vorgesetzten. Der gemeinsame Nenner von all diesen Hemmnissen ist Misstrauen. Und dies kann das gesamte Klima eines Unternehmens prägen.

Im Klima des Misstrauens

In einer Grundhaltung des Misstrauens drückt sich ein negatives Menschenbild aus. Dieses unterstellt den Mitarbeitenden,

- sie kämen eher unfreiwillig zur Arbeit,
- seien sowieso nicht bereit, ihre volle Arbeitskraft zur Verfügung zu stellen und
- müssten deshalb permanent fremd gesteuert, geregelt und überwacht werden.

Es herrscht der Grundsatz „Bewahren statt Verändern", lieber festzuhalten an Bestehendem und alten Strukturen, als riskante Experimente zu machen. Dementsprechend wird dann mit dem Einsatz von Kreativität umgegangen. Erst im akuten Notfall wird Kreativsein dann mehr oder weniger autoritär angeordnet, beispielsweise:

- „Das ist doch Ihr Problem! Nun seien Sie gefälligst kreativ!"
- „Jetzt zeigen Sie mal Leistungsbereitschaft und Ideenreichtum!"
- „Ich kann mich hier doch nicht um alles kümmern, präsentieren Sie mir Lösungen statt Probleme!"

So, oder ähnlich klingen vermeintlich „kreative" Befehlshaber. Wenn sich Mitarbeiterinnen und Mitarbeiter dann an diese Aufforderung zum kreativen Denken und Handeln halten, erleben sie nicht selten Unerfreuliches:

- Die von ihnen erarbeiteten Lösungen werden abgeschmettert.
- Der Vorgesetzte ist grundsätzlich nie ansprechbar.
- Sie haben sich zu rechtfertigen, warum sie sich erst jetzt zu Wort melden, obwohl zu einem früheren Zeitpunkt eine Fehlentwicklung noch nicht erkennbar war.
- Die zur Ideenentwicklung benötigten Ressourcen werden nicht bereitgestellt.
- Ihnen wird schlimmstenfalls Kompetenzüberschreitung vorgeworfen.
- Kreative Ideen und Potenziale werden im Keim erstickt.
- Frustration und Ratlosigkeit machen sich breit.

Das fällt nicht nur intern auf, sondern es bleibt auch Kunden und Kooperationspartnern, vor allem aber Wettbewerbern nicht lange verborgen. Ein solches Führungsverhalten, das im emotionalen und kreativen Vakuum angesiedelt ist, bewirkt Verkümmerung statt Wachstum. Wenn die Verfügungsgewalt über Ressourcenbereitstellung von Führungskräften als Machtinstrument eingesetzt wird, werden benötigte Mittel verknappt. Das bedeutet, dass beispielsweise personelle Ressourcen und finanzielle Mittel zur Ideenentwicklung und -realisierung nicht bewilligt werden. In einer solchen kargen Grundausstattung sollen dann neue Lösungsansätze unter Zeit- und Leistungsdruck entstehen. Dann wird formuliert, es sei schließlich doch keine Kunst, aus dem Vollen zu schöpfen. Wahre Kreativität entfalte sich hingegen immer nur unter Ressourcenknappheit, dies sei die echte kreative Herausforderung!

Wer dann an solch verarmten Rahmenbedingungen bei anspruchsvollen Aufgabenstellungen scheitert, verliert die Motivation und nicht selten auch das Selbstbewusstsein. Von der Reduzierung des Selbstbewusstseins der Mitarbeiterinnen und Mitarbeiter bis zum Schrumpfen ökonomischer Erfolgsgrößen wie z. B. Umsatz, Gewinn, Marktanteil ist es dann nur noch ein winziger Schritt. Ökonomische Rationalität als einziges Handlungsmotiv verkehrt sich somit ins Gegenteil. Kreativ ausgebremste und demotivierte Mitarbeiterinnen und Mitarbeiter erweisen sich als „Botschafter des Missmutes". Dies schließt dann Kundenorientierung, pro-aktives Gestalten und Kollegialität aus.

Führungsqualität bemisst sich auch durch die Qualität im zwischenmenschlichen Umgang. Darüber hinaus ist es die Aufgabe von Führungskräften, nicht nur zu fordern, sondern auch zu fördern, das heißt, die benötigten Ressourcen zur Verfügung zu stellen. Wer sich als Mitarbeitender hier ignoriert sieht, als Mensch nicht anerkannt und in seinen Bedürfnissen nach angemessenen Arbeitsvoraussetzungen nicht ernst genommen fühlt, wird über kurz oder lang sein Engagement und die Identifikation mit Tätigkeit und Organisation in Frage stellen oder gar ganz verlieren.

Gleiches kann passieren, wenn Informationen nur mangelhaft fließen – oder gar Informationen gezielt zurückgehalten werden – ebenfalls ein Aspekt der Machtausübung im Zusammenhang von Führung. Wer gar nichts weiß, wer Informationen immer nur häppchenweise erhält und nicht einbezogen wird in aktuelle Entwicklungen, ist nur vermeintlich „leicht zu handhaben". Die Minimalausstattung eines funktionierenden Betriebsklimas ist echte Kommunikation. Tatsächlich führt eine Verschleierungstaktik bei der Informationsvermittlung langfristig immer auch zu zwischenmenschlicher Enttäuschung und Problemen auf der Beziehungsebene. Und dies hat auch ökonomische Auswirkungen: Qualitätsverschlechterung, unzufriedene Mitarbeiterinnen und Mitarbeiter führen zu unzufriedenen Kunden. Dies hat wiederum Umsatz- und Gewinnrückgang zur Folge: Das Fazit: Kostspielige Auswirkungen einer Führung, die keine mehr ist.

Aktive Förderung des Kreativen Klimas in Organisationen

Welche Voraussetzungen lassen sich denn für ein Klima zur optimalen Entfaltung kreativer Potenziale schaffen? Wie findet man im Alltag dafür greifbare Ansätze? Beginnen Sie mit der aktiven Gestaltung einer kreativitätsförderlichen Atmosphäre und eines innovationsfreundlichen Umfeldes mitten im Tagesgeschäft, nicht irgendwann einmal.

In Beratung und Seminaren filtern wir mit den Teilnehmerinnen und Teilnehmern kreativitätsunterstützende Faktoren in Bezug auf die jeweiligen tagesgeschäftlichen Aufgaben und Abläufe heraus. Hier präsentieren wir Ihnen eine Auswahl dieser Vorschläge an kreativitätsfördernden Verhaltensweisen im O-Ton:

„Spontanes Selbst-Ausprobieren statt passives Beobachten“
„Begeisterungsfähigkeit und Spontaneität“
„Selber tun statt vorkauen lassen“
„einfach mal Ideen-Sharing betreiben“
„Neu-Gier – Interesse an Neuem statt Kleben an Altem“
„Erkundungsdrang – wissen wollen statt hinnehmen“
„mit allen Sinnen wahrnehmen“
„Probieren geht über Philosophieren“
„Fehler begreifen als Lernchancen, an denen man wachsen kann“
„Aufbauen auf den Ideen der anderen“
„kreative Unermüdlichkeit – immer wieder von Neuem beginnen“
„den Redaktionsschluss ernst nehmen, einfach aufhören zu sammeln“
„Phantasie als Treibstoff nutzen”
„(Körperlicher) Bewegungsdrang - Kreativität im ganzen Körper spüren“
„Humor, das heißt über sich selber und andere lachen können“
„spielerischer Umgang mit Problemen, no risk – no fun“
„intensives Erleben des Augenblicks statt permanente Vergangenheits- und Zukunftsorientierung“
„eine gesunde Portion Respektlosigkeit“
„echte Fehlertoleranz“
„elastische Nerven“
„Glaube an die Idee“
„Vernetztes Denken“
„Arbeit im kollegialen Team, das Spaß macht“
„Frei-Raum auf dem Tisch und an der Wand“

Oder, wie es eine Spezialistin für *Kreatives Klima* ausgedrückt hat:

> „Um Ideen wirksam zu machen, müssen wir fähig sein, sie zu zünden.“
> Virginia Woolf (1882-1941), britische Schriftstellerin

Gute Wachstumsbedingungen für Ideen und Innovationen

Führungskräfte, die kreative Potenziale fördern wollen, zeichnen sich dadurch aus, dass sie ihrem Mitarbeiterteam die benötigten Ressourcen zur Verfügung stellen und ihnen vertrauen. Auf einer Basis des Vertrauens in den Leistungswillen, das Engagement und die Leistungsfähigkeit der Mitarbeiterinnen und Mitarbeiter unterstützen sie die Schaffung individueller Freiräume. Sie begleiten ihr Team als wohlwollender Coach, indem sie für innovationsfördernde Rahmenbedingungen sorgen und jedem mit Wertschätzung (in Bezug auf seine Individualität) begegnen. Zur kreativen und erfolgreichen Aufgabenbewältigung hat auch die Führungskraft einen Beitrag zu leisten: die Bereitschaft, Kompetenzen zu verleihen und Handlungsspielraum zu ermöglichen und diesen zuzulassen.

Der Begriff „Kompetenz" besitzt dabei im Zusammenhang des kreativen Problemlösungsprozesses die folgenden drei Dimensionen:

Können (= Fähigkeiten)
über das erforderliche Know-how verfügen sowie aktive Hilfestellung geben, um kreative Problemlösungen hervorbringen zu können.

Wollen (= Motivation)
den Spannungsbogen der Motivation zu kreativem Denken und Handeln in allen Phasen des kreativen Problemlösungsprozesses aufrecht erhalten.

Dürfen (= Beauftragung)
den kreativen Denk- und Handlungsspielraum für den Weg von der Idee zur Innovation schaffen.

Eine Herangehensweise, welche die Aspekte Können und Wollen allein bei den Mitarbeiterinnen und Mitarbeitern verankert, das Dürfen allerdings nur bei den Vorgesetzten, ist für ein *Kreatives Klima* nicht förderlich. Denn: das Dürfen ist die notwendige Voraussetzung, um vom Wollen ins Handeln überzugehen.

Das Methodenrepertoire, das dieses Buch anbietet, wird nur dann zur vollen Geltung kommen, wenn es in einem *Kreativen Klima* angewendet wird. Das heißt, wenn die Kultur einer Organisation, seien es Unternehmen oder Institutionen, für Kreativität aufbereitet ist. Wenn also kreativitätsförderliche Umfeldbedingungen geschaffen sind, die sowohl das Können, das Wollen und das Dürfen umfassen. Die Verankerung des Dürfens, also die Schaffung von kreativen Freiräumen, zahlt sich aus durch engagierte Mitarbeiterinnen und Mitarbeitern, die Freiräume sinnvoll nutzen anstatt sie auszunutzen – weil man ihnen Vertrauen und Wertschätzung entgegenbringt und sie ernst nimmt.

Menschliche Grundbedürfnisse nach der Entfaltung kreativer Potenziale lassen sich eben nicht allein auf den eher als emotional angesehenen Privatbereich reduzieren. Ebenso bestehen derartige Wünsche im beruflichen Bereich – schließlich handelt es sich ja um dieselben Personen, und niemand kann in zwei völlig voneinander getrennte Persönlichkeiten zerfallen: die Bedürfnisse des Privatmenschen per Reißverschluss abtrennen, in der eher rational beherrschten Unternehmens- und Institutionswelt ausschließlich rational denken bzw. handeln und auf das Fühlen, den emotionalen Part am besten ganz verzichten. Vorgesetzte, die dies erkannt haben und den Mut besitzen, emotionale Aspekte zuzulassen und gar darüber hinaus zu fördern, werden die wahren Wettbewerbsvorteile haben.

Wer vernetzt denken will, sollte sich auch in der Aufbauorganisation vernetzen. Flexible Netzwerke sind organisationsintern sowie -extern gefragt wie nie, um im immer dynamischeren, schnelllebigen Wirtschaftsgeschehen überhaupt noch agieren zu können. Heutzutage geht es im Wettbewerb darum, eine Entwicklung selbst zu prägen, statt permanent nur nachzuregulieren. Prompte Lösungen sind gefragt, um im Wettbewerb Schritt halten zu können oder gar idealerweise Trends zu setzen. Von Nutzen ist dabei eine schnelle (Re-)aktionsfähigkeit, damit die neueste Anpassung an die Veränderung nicht schon wieder selbst veränderungsbedürftig ist, eben weil ihre Umsetzung so lange dauerte. Organisationen mit vielen Hierarchieebenen sind somit teilweise verlangsamt, da Innovationskraft nicht nur bedeutet, neue Ideen zu haben, sondern diese auch tatsächlich erfolgreich zu realisieren.

Da Organisationen keine Lebewesen sind, sondern formal gebildete Einheiten, gelingt es nur durch die Pflege und Unterstützung der in ihr beschäftigten Menschen, die Organisationsziele voranzubringen. Nur wer durch innovationsfördernde Führung dauerhaft dafür sorgt, Mitarbeiterinnen und Mitarbeiter bei der Entwicklung und Entfaltung ihrer kreativen Potenziale zu unterstützen und zu fördern, kann die Früchte dieser Investition ernten und im Hinblick auf die Persönlichkeitsentwicklung der Mitarbeitenden und die Entwicklung der Organisation voll ausschöpfen.

Konjunkturbedingtes pro-zyklisches Verhalten in Krisenzeiten führt allerdings häufig zu Einsparungen im Bereich Weiterbildung. Damit werden notwendige Voraussetzungen zur Sicherung langfristiger Wettbewerbsvorsprünge gerade dann verschenkt, wenn sie vom Unternehmen am nötigsten gebraucht werden. Dies kann auch so formuliert werden:

„Wer zu spät an die Kosten denkt, ruiniert sein Unternehmen. Wer immer zu früh an die Kosten denkt, tötet die Kreativität."
Philip Rosenthal (1916-2001), deutscher Industrieller und Politiker

2 Ideen managen im Kreativprozess

2.1 Von der Idee zur Innovation

Die Wachstumsspirale© in sieben Phasen durchlaufen

Wie gestaltet sich nun der Weg von der Aufgabenstellung bis hin zur erfolgreichen Umsetzung der Lösungsansätze? Was passiert zwischen der ersten aufkeimenden Idee und der vollendeten Realisierung, die dann als Innovation wirken kann? Welche Phasen werden dabei im Einzelnen durchlaufen? Nachfolgend lernen Sie den von uns entwickelten Beratungsansatz „Die Wachstumsspirale©" kennen, welche den Weg von der Idee zur Innovation beschreibt. Mit dieser Navigation durch sieben Phasen des kreativen Problemlösungsprozesses gelingt es, Ideen systematisch zu managen.

Der Ansatz der strukturierten Kreativität basiert auf der synergetischen Wechselwirkung von konvergentem und divergentem Denkstil. Der lateinische Wortstamm „vergo", der die Wurzel von konvergent und divergent ist, bedeutet „sich winden" oder „ranken". Aus dem Wechsel von „Hin-Ranken" (konvergent) oder „Weg-Ranken" (divergent) der Gedanken entstehen so Ideen, die dann zu Innovationen werden können. Dies geschieht im Laufe eines Kreativprozesses. Jeder Denkstil, sowohl der konvergente als auch der divergente, ist jeweils für spezielle Einsatzfelder bestens geeignet. In anderen Einsatzfeldern wiederum liefert er keine optimalen Resultate. Diese Erkenntnis haben wir übertragen auf den gesamten *kreativen Problemlösungsprozess*, in dem Ideen zu managen sind. Er umfasst nach unserer Definition sieben Phasen:

Kreative Unzufriedenheit (Phase I), Problemanalyse und Aufgabenformulierung (Phase II), Ideen-Findung (Phase III), Ideen-Auslese (Phase IV), Ideen-Realisierung (Phase V), Ideen-Überprüfung (Phase VI) und Erneute Kreative Unzufriedenheit (Phase VII).

Bei diesem Ansatz ist jeder Phase der jeweils geeignete Denkstil zugeordnet. Im Laufe der sieben Phasen wird deshalb ein mehrfacher Wechsel von konvergentem zu divergentem Denken und umgekehrt vollzogen. Dies ermöglicht es, die phasenbezogenen Herausforderungen zu bewältigen.

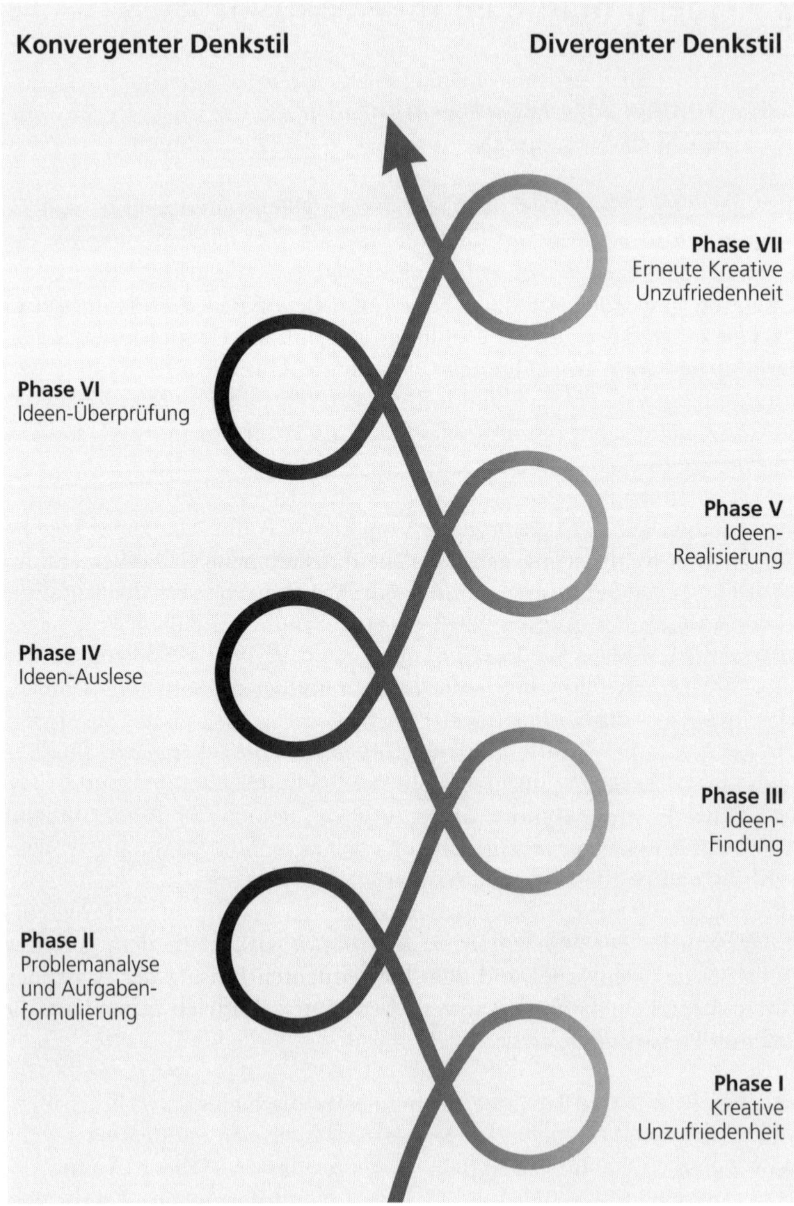

Abb. 2: Ideen managen – die Wachstumsspirale© nach Blumenschein und Ehlers

Die wie eine Serpentine von unten nach oben verlaufende Wachstumsspirale© führt durch sieben Phasen und umfasst den gesamten Prozess von dem ersten Aufkeimen einer Idee als *Kreative Unzufriedenheit* bis schließlich zur *Erneuten Kreativen Unzufriedenheit* als Antriebskraft für weiteres kreatives Wachstum.

Diese Entwicklung wird als Abfolge von Spiralen dargestellt, um das fließende Ineinanderübergehen der einzelnen Phasen innerhalb eines insgesamt lebendigen Prozesses zu unterstreichen. Wenn eine Idee zur Innovation geworden ist, dann haben alle Beteiligten die identifizierten Phasen in einer von der Entwicklungsdynamik der Gruppe und den vorhandenen Rahmenbedingungen geprägten Abfolge durchlaufen. Der Übergang von einer Phase zur anderen verläuft dabei nicht auf kürzester Distanz, nicht schnurstracks vom Start aus „rolltreppenartig", sondern auf eine organisch organisierte Weise. Die Navigation durch den kreativen Problemlösungsprozess folgt der Spiralform und ist damit ähnlich zu beschreiben wie ein Lernprozess: Vom ersten Aufkeimen einer Idee bis hin zu ihrer Realisierung geht es ja ebenfalls um neue Gedanken und Erkenntnisse, um Erfahrungen und wiederholtes Verbessern der vorhergehend entwickelten Ansätze. Dabei setzen sich die an diesem Prozess beteiligten Menschen mit Veränderungen und neu entstandenem Wissen auseinander. Und dies funktioniert nicht reibungslos. Somit werden in jeder Phase der Wachstumsspirale© auch Höhen und Tiefen durchlaufen. Es ist ebenfalls möglich, dass man in einer Phase hängen bleibt und zunächst nicht auf die nächsthöhere Ebene kommt. Oder dass man in einer Phase mehrere Runden dreht. So kann manche Phase der Wachstumsspirale© zu einem mehrfachen Kreislauf werden. Dann gilt es, Frustration und Festgefahrensein zu überwinden. Der Impuls, dann doch auf die höhere Ebene der Wachstumsspirale© zu gelangen, entspringt der Energiequelle der *Strukturierten Kreativität*, das heißt dem gezielten Wechsel des Denkstiles und dem konsequenten Einsatz der passenden Techniken. Dies kann den jeweils benötigten Auftrieb geben, um die nächste Phase zu erreichen.

Die Wachstumsspirale© verdeutlicht, dass erfolgreich verwirklichte Ideen nur selten vom Himmel fallen, sondern dass sie sich mit dem passenden Methoden Know-how durchaus managen lassen. Diesen Ansatz der strukturierten Kreativität haben wir definiert aufgrund von Erkenntnissen aus Kreativitätsforschung, Lern- und Organisationspsychologie und unseren eigenen Erfahrungen und Beobachtungen in Kreativprozessen. Die spiralförmige Visualisierung des kreativen Problemlösungsprozesses hat in Beratung und Seminaren häufig dazu geführt, dass sich einzelne Personen in Bezug auf ihren Umgang mit Ideen spontan wiedererkannt haben. Es wurde auch diagnostiziert, dass es in tagesgeschäftlicher Hektik zuweilen vorkommt, dass einzelne Phasen übersprungen werden. Ein typisches Beispiel dafür ist, von der Phase I direkt in die Phase III zu gehen, ohne die zu lösende Aufgabe exakt zu definieren. Oder dass man sich in mehreren Phasen gleichzeitig aufhält, beispielsweise in einem dauernden Wechsel zwischen der Phase III der Ideen-Findung und der Phase IV, der Ideen-Auslese. So vermischt sich die eher divergente Ideen-Entwicklung mit der eher konvergenten Ideen-Bewertung und dies führt zu Verzögerungen und Denkblockaden.

Wir möchten an dieser Stelle betonen, dass die Wachstumsspirale© und die damit von uns definierten Phasen des kreativen Problemlösungsprozesses nicht als starre lineare Abfolge von einzelnen Phasen verstanden werden soll. In der Realität kann sich, wie bereits beschrieben, auch eine individuell variable Abfolge ergeben, in der die Phasen durchlaufen werden.

Dabei treten realitätstypische Hindernisse auf: Manche Ideen haben es auf ihrem Weg zur Realisierung schwer, weil die am Kreativprozess Beteiligten beim Managen von Ideen übergangslos von der einen in die andere Phase springen. Viele kreative Ideen werden deshalb nur schleppend umgesetzt, weil der jeweils eingesetzte Denkstil nicht zur entsprechenden Phase passt. Teilweise besteht auch Unklarheit über die Eignung einer bestimmten Technik und ihrer Einsatzmöglichkeit. Oder es werden Techniken zu früh oder gar zu spät eingesetzt, wodurch ihre den Prozess unterstützende Wirkung verpufft. Dann ist nicht die Technik an sich falsch, sondern der Zeitpunkt ihres Einsatzes.

Die Wachstumsspirale© ist eine Orientierungshilfe, mit der es gelingt, beim Managen von Ideen Klarheit darüber zu gewinnen,

- wo man sich zurzeit innerhalb des kreativen Problemlösungsprozesses befindet und wohin man unterwegs ist,
- ob der aktuell eingesetzte Denkstil der passende ist,

- ob man sich aufgrund von Rahmenbedingungen, Termindruck und sonstiger Faktoren in mehreren Phasen gleichzeitig bewegt,
- welche Technik in der jeweiligen Phase unterstützend einsetzbar ist.

Die Navigation auf den Seiten 52 und 53 ermöglicht Ihnen einen schnellen Überblick über die Phasen und die passende Auswahl der aktuell benötigten Technik.

In den folgenden Kapiteln finden Sie zu den sieben Phasen jeweils eine detaillierte Beschreibung mit Hinweisen auf mögliche Hindernisse. Weiter bietet Ihnen das Kapitel praxisorientierte Techniken zur Bewältigung der phasenspezifischen Anforderungen mit Anwendungsbeispielen. Auf diese Weise soll Sie die Wachstumsspirale© begleiten und geleiten beim Navigieren durch Ihren Alltag voller kreativer Herausforderungen.

Techniken	**Schwerpunkt**	**Denkstil** konvergent
• Überprüfungsinstrumente aus der Ökonomie • Impulsfragen aus dem Projekt-Management • Quint-Essenz© • Produktlebenszyklus • Feedbackbögen und Interviews mit den Nutzern und Anwendern	Feststellen der Soll-Ist-Abweichung zwischen formulierter Aufgabenstellung und realisierter Idee	**Phase VI** Ideen-Überprüfung
• Empfehlungen zur Ideen-Strukturierung • Ideen-Expose© • Pro-und-Contra-Liste • Checklisten • Mind Map • Quint-Essenz© • Ideenplatzierungsmatrix nach Majaro • SWOT-Analyse	Strukturieren, Konkretisieren, Bewerten, Auswählen von Ideen	**Phase IV** Ideen-Auslese
• Dialog über Kreuz • Mind Map • Eingrenzung von Themenfeld und Suchwinkel • Empfehlungen zur Aufgabenformulierung • B-Filter	Die Aufgabe auf den Punkt bringen, ein gemeinsames Problemverständnis schaffen	**Phase II** Problemanalyse und Aufgabenformulierung

Abb. 3: Navigation im kreativen Problemlösungsprozess

Denkstil divergent	**Schwerpunkt**	**Techniken**
Phase VII Erneute Kreative Unzufriedenheit	Erneutes Konstruktives Infragestellen auf höherer Ebene	• Galerie der Selbstverständlichkeiten© • Mind Map
Phase V Ideen-Realisierung	Entwickelte Idee an die Realität anpassen, Idee verwirklichen	• Definition Projekt-Ziel mit Prioritätensetzung • Checkliste zur Projektorganisation • Instrumente der Projekt-Planung • Steuerungsmatrix© des Projekt-Managements • Minimalbaukasten für Projekt-Management • Mind Map
Phase III Ideen-Findung	Kreativ aufwärmen, Ideen fließen lassen, Ideen sammeln	• 8 x 1 der Ideenfindung© • Kreativ-Parcours© mit Warm-up-Übungen • Brainstorming in Kombination mit Mind Map • 635-Technik • Gift-und-Gegengift-Technik© • Impulsfragen nach der Osborn-Checkliste • Morphologischer Kasten • Belebtes-Bühnen-Bild-Technik© • Reizwortanalyse
Phase I Kreative Unzufriedenheit	Konstruktives Infragestellen von Gewohntem	• Galerie der Selbstverständlichkeiten© • Schlüsselfragen zu Fundstücken der Galerie der Selbstverständlichkeiten© • Der Prüfstand für Abweichen von Gewohntem • Mind Map

2. 2 Konstruktives Infragestellen von Gewohntem
Aufkeimende Ideen wahrnehmen

Was wäre das Leben ohne Gewohnheiten? Ohne Regeln und Annahmen darüber, wie die Dinge eben zu sein haben? Das Gewohnte bietet Sicherheit und Entlastung in einem wechselhaften, schnelllebigen Alltag. Und schließlich möchte man ja nicht als latenter Nörgler oder als Dauerzweiflerin eingeordnet werden. Wenn einen nur nicht manches Mal so ein Gefühl beschleichen würde, dass es so, wie es ist, noch besser werden könnte. Dass es vielleicht eine Verbesserung des bisher als suboptimal erlebten Zustandes gibt? Um diese Chancen zu erkennen, braucht es Sensibilität und den Willen, Ideen, die „anklopfen", auch zu hören und ihnen zu öffnen. Und dann braucht es den Mut, die gewohnten Denk- und Verhaltensmuster zu verlassen. Andernfalls bleiben Veränderungswünsche stecken, versanden Veränderungsvorhaben im ewigen Vertagen von heute auf morgen oder auf übermorgen ...

Kurzprofil der Phase I: Kreative Unzufriedenheit

Schwerpunkt
Konstruktives Infragestellen von Gewohntem

Vorwiegender Denkstil
Divergent

Schlüsselfrage
Was wäre, wenn ...?

Ergebnis
Die nebelhafte Vision einer Idee

Techniken
- Galerie der Selbstverständlichkeiten©
- Schlüsselfragen zu Fundstücken der Galerie der Selbstverständlichkeiten©
- Der Prüfstand für das Abweichen von Gewohntem
- Mind Map

Phasenbeschreibung

Ein Weg zu neuen Ideen, neuen Quellen der Inspiration ist die *Kreative Unzufriedenheit* mit dem Status quo. *Kreative Unzufriedenheit* bedeutet nicht, unproduktiv herumzunörgeln und prinzipiell alles schlecht zu finden. Es geht vielmehr um die Bereitschaft, aufkeimende neue Ideen auch willkommen zu heißen. Dafür ist die kreative Geisteshaltung grundlegend: Neugier bedeutet, etwas konstruktiv in Frage zu stellen und bei Bedarf festgefahrene Sichtweisen und Denkblockaden überwinden zu können. Scharf-Sinnigkeit als aufmerksame, wache und trainierte Wahrnehmung hilft dabei, mitten in der Routine des Tagesgeschäftes neu auftretende Chancen zu entdecken. Perspektivwechselfähigkeit ist dabei hilfreich durch das Einnehmen verschiedener Sichtweisen. Einfallsreichtum als lebendige Vorstellungskraft lässt Visionen entstehen. Mut und Handlungswille unterstützt es, sich auf das Neue einzulassen. Motivationsfähigkeit als die Fähigkeit, sich selbst und andere in Bewegung zu bringen, wirkt als Anschubkraft.

Die kreative Geisteshaltung ermöglicht es also, offen zu sein für Veränderungen. Denn der Erfolg von gestern und heute kann einen bequem, genügsam und zufrieden machen. Und genau daraus erwächst dann ein Problem. Das hat ein Repräsentant der kreativen Geisteshaltung schon im letzten Jahrhundert erkannt:

> „Das ist der Fluch der Zufriedenheit: Zufriedene Menschen wünschen keine Veränderung und gefährden gerade dadurch ihre Zufriedenheit."
>
> Herbert George Wells (1866-1946), britischer Schriftsteller

In der Phase I, der *Kreativen Unzufriedenheit*, stellen Sie eine Abweichung zwischen derzeitigem Realzustand und Wunschzustand fest, sind unzufrieden mit der wahrgenommenen Ist-Situation und streben eine Verbesserung an. Dabei wird oft auf Erfahrungen und Wertvorstellungen zurückgegriffen, um einen Sachverhalt zu beurteilen. Der empfundene Spannungszustand stellt das als bedeutend identifizierte Problem und gleichsam eine Herausforderung zur Lösung dar (= Vorhandensein einer subjektiven Problemsensibilität). Häufig lässt sich sogar beobachten, dass das Problem schon weitaus früher unbewusst bekannt ist, als es über das Bewusstsein zugelassen wurde. Erkennbar ist dies an einer intuitiv gespürten Unzufriedenheit, die sich allerdings noch nicht genau auf den Punkt bringen lässt. Oftmals wird eine solche innere Stimme verscheucht, da eine Änderung der Ausgangssituation derzeit nicht in den perfekt organisierten Plan passt. Manchmal fürchtet man auch den Aufwand, den das Managen von Ideen mit sich bringt, man will lieber nicht aus der Ruhe gebracht werden.

Die Aufforderung zur Veränderung erfolgt dann oft von außen, z. B. durch einen Auftraggeber, Ihren Vorgesetzten, Kolleginnen und Kollegen, Freunde, Bekannte. Während Sie noch nicht bereit sind, sich den Herausforderungen einer Veränderung zu stellen, treten möglicherweise andere Personen als Initiatoren auf. Ein anderes Mal sind Sie selbst die treibende Kraft. Dies hängt u. a. vom empfundenen Bedürfnisdruck, der Nähe zum Problem und auch von der persönlichen Verfassung ab.

Unabhängig davon, wer zur Veränderung der Ausgangssituation anregt, in dieser Phase überwiegt das divergente Denken als Impulsgeberin.

Schwierigkeiten und Hindernisse in Phase I:

- Problemdruck und bis zum Frustrationsgefühl gesteigerte Unzufriedenheit, wenn vermutet wird, das Problem sei gar nicht oder nur sehr langfristig zu lösen
- Bequemlichkeit und Resignation, wenn vermutet wird, dass neue Ideen langwierig und nur schwierig durchzusetzen sind
- eine „Das-haben-wir-doch-schon-immer-so-gemacht"-Haltung
- die Denkfalle „eine schnelle Lösung ist besser als keine Lösung", die meist nur zu konventionellen, nahe liegenden Lösungsansätzen sowie zu wildem Aktionismus, Hektik und Zeitdruck führt

Hören Sie öfter auf Ihr Bauchgefühl und die innere Stimme, die dieses repräsentiert. Nehmen Sie sensibel wahr, wenn sich neue Ideen melden. Das Methoden-Repertoire dazu liefert Ihnen dieses Kapitel.

Techniken

Die Galerie der Selbstverständlichkeiten©

Die Galerie der Selbstverständlichkeiten© ist ein virtueller Ort, an dem sich Glaubenssätze, Gewohntes, nicht mehr Hinterfragtes und selbstverständlich Gewordenes aufreihen. Insgesamt ergibt dies eine galerieartige Ausstellung, die zwar nur in Gedanken existiert, die aber einigen Einfluss auf das Denken und Handeln hat.

Ein Blick auf die Galerie der Selbstverständlichkeiten© hilft dabei, sich bewusst zu machen, welche Grundannahmen sich als selbstverständlich manifestiert haben. Er hilft, den unbewussten Gewohnheiten auf den Grund zu gehen und alles aufzudecken, was nur aus Gewohnheit gemacht wird, aber möglicherweise gar nicht mehr sinnvoll ist.

Alle Menschen leben nach Grundannahmen über die Umwelt, über andere Menschen und über die Art und Weise, wie etwas getan werden soll:

- wie man glaubt, dass es getan werden muss;
- wie es ausschließlich getan werden darf;
- wie man glaubt, dass es getan wurde.

Zum einen besteht diese Galerie aus persönlichen Erfahrungen und im Laufe der Jahre angeeignetem Wissen, zum anderen aus Vorurteilen und nicht mehr hinterfragten Konventionen. Prinzipiell ist es in einer so dynamischen und komplexen Welt wie der heutigen sicherlich von Vorteil, wenn man auf Verhaltens- und Wahrnehmungsmuster zurückgreifen kann. Andererseits verhindern Glaubenssätze und eingefahrene Sichtweisen allzu oft und sehr wirkungsvoll, dass man auf neue Ideen kommt. Das hat auch eine aufmerksame Vorausdenkerin beobachtet:

> „Vorurteile sind ein Blumenstrauß, den man wenigstens von Zeit zu Zeit neu arrangieren sollte."
> Ursula Pasterk (geb. 1944), österreichische Philosophin und Politikerin

Die Möglichkeit des Neuarrangierens wird unterstützt durch die Beobachtung der persönlichen Galerie der Selbstverständlichkeiten©, die jeder

Mensch hat. In vielen Situationen gibt es ein ungeschriebenes Gesetz, eine bewährte Vorgehensweise, eine eingefahrene Sichtweise, eine stille Übereinkunft. Und diese sollten durchaus öfter mit einer kreativen Geisteshaltung betrachtet werden.

Dann melden sich neue Ideen durch:

- einen neugierigen Gedanken, der sich einfach mal so einstellt,
- ein genaues Hingucken auf eine alltägliche und schon oft gesehene Situation, die auf einmal anders wahrgenommen wird,
- ein Beobachten von etwas Merkwürdigem, das einem auffällt,
- das Sich-Ärgern über suboptimale Ausgangszustände, für die man Lösungen sucht,
- das Übertragen von Beobachtungen aus anderen Sinnzusammenhängen und Anwendungsgebieten.

Dieses Anklopfen von Ideen geschieht in Form eines Ausspruchs oder Gedankens. Oft ist es auch nur ein Gedankenblitz oder eine innere Stimme. Dann ist es wichtig, inmitten des tosenden Tagesgeschäftes innezuhalten und genau hinzuhören. Durch das konstruktive Infragestellen mit der Schlüsselfrage „Was wäre, wenn ...?" ergibt sich die Chance, Optimierungspotenzial zu entdecken bzw. einen Veränderungswunsch zu formulieren. Dies kann zur Entwicklung eines neuen Ansatzes führen, zu einer neuen Sichtweise, zum neuen Erleben einer Situation, zur Veränderung in vieler Hinsicht.

Hier einige Beispiele aus dem Alltag:

„Wieso müssen Getränkeflaschen eigentlich immer so schwer sein?" Diese Frage führte zu der Entwicklung von recyclebaren Plastikflaschen.

„Warum finden Firmenpräsentationen eigentlich immer mit Powerpoint statt?" Es gibt erfolgreiche Referentinnen und Referenten, die lebendige, interaktive Impulsreferate halten und dabei entweder ganz auf die beliebte Standardisierung verzichten oder eine sinnvolle Einbindung von Präsentationssoftware und anderen Stilmitteln gefunden haben.

„Ist es wirklich sinnvoll, dass man an vielen Stellen nur mit Münzgeld zahlen kann?" Dies führte zu aufladbaren Magnetkarten als Zahlungsmittel.

„Wieso dauern Meetings denn oft so lange?" Diese Überlegung führte zur Einführung von Kurzmeetings im Stehen.

Um selbst Fundstücke der Galerie der Selbstverständlichkeiten© zu entdecken, nutzen Sie das folgende Fragenrepertoire:

Schlüsselfragen zu Fundstücken in der Galerie der Selbstverständlichkeiten©

- Was hat für Sie (oder eine andere Person) bereits den Charakter eines „ungeschriebenen Gesetzes"?
- Was tun Sie (oder eine andere Person) immer auf eine bestimmte Weise, ohne länger darüber nachzudenken, fast schon automatisch?
- Welche Begebenheiten und Geschehnisse vom Typ „Das haben wir schon immer so gemacht ..." ärgern Sie besonders?
- Welche Behauptungen und Aussagen beinhalten die Formulierung „schließlich" oder „eben" oder „sowieso" oder „grundsätzlich"?
- Welche Situationen/Verfahrensweisen/Objekte Ihres Alltags finden Sie nicht optimal, nehmen diese jedoch als gegeben hin?
- Welche Beobachtung bringt Sie zum Nachdenken und verschafft Ihnen ein „Nanu-Erlebnis"?
- Was wünschen Sie sich im Alltag, stellen dann aber fest, dass es das noch nicht gibt?

Immer, wenn Ihre innere Stimme sich meldet und eine vermeintliche Selbstverständlichkeit aufzeigt, notieren Sie diese z. B. auf einer Moderationskarte und hängen diese auf. Formulieren Sie das Fundstück als Frage z. B.:

„Ist es wirklich sinnvoll, dass ...?"
„Nanu, was ...?"
„Warum eigentlich ...?"
„Merkwürdig, dass ...?"
„Wieso dauern ... denn so lange?"
„Muss ... denn immer so ablaufen?"
Und dann hinterfragen Sie diesen Sachverhalt mit „Was wäre, wenn ...?"

Dabei ist zu ergänzen, dass diese innere Stimme manchmal nicht bei Ihnen selbst auftaucht, sondern auch bei Kollegen und Kolleginnen, die Ihnen davon erzählen. Beispielsweise ein Kunde berichtet von etwas, das ihm aufgefallen ist oder das er bei Ihnen im Angebot vermisst, weshalb er fragt: „Sagen Sie einmal, bieten Sie eigentlich auch ... an?" Dann ist es wichtig, dieses als Fundstück einer Galerie der Selbstverständlichkeiten© zu dokumentieren.

Mit der Zeit wächst diese Galerie, und Sie verfügen über eine Sammlung an Gewohntem, das Sie auf diese Weise in Frage stellen. Sie können gezielt Kolleginnen und Kollegen dazu einladen, Ergänzungen vorzunehmen. Eine andere Möglichkeit ist das Führen eines kreativen Notizbuches, das als ständiger Begleiter und Themenspeicher fungiert. Selbstverständlich können Sie auch neue Informations- und Kommunikationsmedien nutzen und beispielsweise eine elektronische Austauschbörse, einen Treffpunkt und Chatroom in der „Intranet-Galerie der Selbstverständlichkeiten©" aufbauen.

Machen Sie es sich zur Gewohnheit, über eingefahrene Gewohnheiten nachzudenken. Legen Sie hierzu in regelmäßigen Abständen einen Termin für ein „Kreatives Rendezvous" fest: Ein Mal im Monat oder alle vierzehn Tage ziehen Sie sich für eine Stunde zurück, in der Sie in Ruhe über eine Gewohnheit nachdenken, die Sie zuvor aus Ihrer Galerie der Selbstverständlichkeiten© entnommen haben. Wichtig ist dabei, immer nur ein Thema pro Sitzung auszuwählen. Stellen Sie dabei die Fundstücke der Galerie der Selbstverständlichkeiten© auf den Prüfstand. Hinterfragen Sie diese Verhaltensweisen, Gegebenheiten, Vorgehensweisen und Denkmuster gründlich.

Der Prüfstand für das Abweichen von Gewohntem

Untersuchen Sie, ob der aktuelle Zustand sinnvoll, bewährt und nützlich ist. Dann sollten Sie diesen auch beibehalten. Alle anderen in Frage gestellten Selbstverständlichkeiten können Sie als Ansatzpunkte zur aktiven Veränderung nutzen.

Förderlich sind Fundstücke der Galerie der Selbstverständlichkeiten©:

- als Orientierungshilfe,
- als Zeitersparnis,
- als Möglichkeit, um mit zunehmender Komplexität umzugehen,
- als bewährte Rituale, die Sicherheit vermitteln,
- als Rituale, die für das Wohlbehagen sorgen,
- als zuverlässiger Struktur gebender Teil des Lebens.

Hinderlich sind Fundstücke der Galerie der Selbstverständlichkeiten©:

- wenn durch sie Zwänge entstehen,
- wenn sie zum Verlust von Ressourcen führen,
- wenn sie sinnentleert sind,
- wenn man sich inhaltlich „festfrisst“,
- wenn sich Vorgänge verselbständigen, ohne eine wirkliche Berechtigung zu haben.

Mind Map

Diese Ansätze zur Veränderung, die aufkeimenden Ideen können Sie dann in Form einer Mind Map visualisieren. Näheres zu dieser Technik finden Sie auf der Seite 66.

Mit dem konstruktiven Infragestellen des Gewohnten findet man überraschend(e) Ideen nicht irgendwo, sondern mitten auf dem eigenen Schreibtisch, Werkbrett, mitten auf der Straße und zuhause. Nicht irgendwann, sondern jederzeit. So lassen sich alltägliche Situationen immer wieder neu entdecken, aufkeimende Ideen wahrnehmen und Ansatzpunkte zur Optimierung finden. Denn nur aus dem Willen zur Veränderung kann Wandel und Fortschritt entstehen. Diese positive Aufbruchstimmung hat ein chronisch „Kreativ Unzufriedener“ wie folgt beschrieben:

> „Ich kann freilich nicht sagen, ob es besser wird, wenn es anders wird, aber so viel kann ich sagen, es muss anders werden, wenn es gut werden soll.“
>
> Georg Christoph Lichtenberg (1743-1799),
> deutscher Philosoph, Naturwissenschaftler und Publizist

Wenn sich bei Ihnen eine Stimme in dieser Art meldet, wenn Sie den Eindruck haben, dass eine Idee aufkeimt und dass Sie diese auf den Weg bringen wollen, dann können Sie weitergehen in die Phase II der Wachstumsspirale©.

2.3 Auf den Punkt gebracht

Ein gemeinsames Aufgabenverständnis schaffen

Selbstverständlich ist es aufwendig, sich intensiv mit einem Problem auseinander zu setzen, bevor man an die Ideen-Findung geht. Doch es lohnt sich, in dieser Phase genau hinzuschauen, denn dadurch gelingt es, die Weichen zu stellen für eine motivierende und zielgerichtete Ideenentwicklung, für Lösungsansätze, die auch wirklich den Kern der von allen Beteiligten wahrgenommenen Problemstellung treffen.

Kurzprofil der Phase II: Problemanalyse und Aufgabenformulierung

Schwerpunkt
Die Aufgabe auf den Punkt bringen
Ein gemeinsames Problemverständnis schaffen

Vorwiegender Denkstil
Konvergent

Schlüsselfrage
Welches Problem soll gelöst werden?
Welche Aufgabe soll bearbeitet werden?

Ergebnis
Eine allen bekannte und von allen Beteiligten akzeptierte Aufgabenformulierung

Techniken
- Dialog über Kreuz
- Mind Map
- Eingrenzung von Themenfeld und Suchwinkel
- Empfehlungen zur Aufgabenformulierung
- B-Filter

Phasenbeschreibung

In dieser Phase gilt es, das (latent) vorhandene Problembewusstsein zu spezifizieren, ein bisher nur diffuses Gefühl der *Kreativen Unzufriedenheit* konkreter werden zu lassen und eine ausführliche Problemanalyse aus möglichst vielen Blickwinkeln vorzunehmen. Dazu ist es wichtig, dass Sie sich dem Problem von mehreren Seiten nähern bzw. mehrere Interpretationen dazu formulieren, worin das Problem genauer betrachtet besteht. Am Ende dieser Phase sollten ein Themenfeld eingegrenzt und eine allgemein gültige Aufgabenstellung formuliert sein. Dabei erschließen Sie die Hauptmerkmale und Dimensionen des Problems, bilden Präferenzen, unterscheiden wichtigere Aspekte von eher untergeordneten, filtern die wirklichen Ursachen heraus und sorgen für ein von allen Beteiligten nachvollzogenes und getragenes Problemverständnis. Denn damit wird es möglich, dass alle Beteiligten aktiv und motiviert an der Erarbeitung von Lösungsansätzen mitwirken und die Teamressourcen somit optimal genutzt werden. Dies fördert die Entstehung einer Synergiegemeinschaft. Der Vorteil einer umfassenden Beschäftigung mit der Aufgabe liegt auf der Hand:

> „Wer ein Problem definiert, hat es schon halb gelöst."
> Julian Sorrell Huxley (1887-1975),
> britischer Biologe, Philosoph und Schriftsteller

In dieser Phase herrscht der konvergente Denkstil vor: Analytisches Denken ist gefragt, um auf den Punkt zu kommen.

Schwierigkeiten und Hindernisse in Phase II:

- Schwierigkeiten, das komplexe Problem auf den Punkt zu bringen
- fehlendes gemeinsames Problembewusstsein
- mangelnde Abgrenzung von wesentlichen und unwesentlichen Aspekten
- Festhalten an der Einschätzung „Alles ist wichtig und gehört noch in die Aufgabenformulierung hinein"
- Ungeduld, weil die Problemanalyse lange dauert

Untersuchen Sie hier sowohl interne (d. h. in Ihnen selbst vorhandene) als auch externe Faktoren. Lassen Sie sich vor allem Zeit für eine exakte Problemdefinition, diese bildet die elementare Grundlage für den gesamten nachfolgenden Ideenfindungs- und Entwicklungsprozess und stellt sicher, dass Missverständnissen in der individuellen Problemwahrnehmung unterschiedlicher Menschen vorgebeugt werden kann. Ein gemeinsamer Konsens, wofür das Team seine Energien einsetzen möchte, ist unverzichtbar für einen erfolgreichen Verlauf des Gesamtprozesses.

Dieser Vorgang der Aufgabenformulierung ist hochsensibel, wichtig und anspruchsvoll. Deshalb werden hierfür auch mehrere Techniken angeboten, die den höchsten Wirkungsgrad entfalten, wenn sie hintereinander eingesetzt werden. Durch diese Kombination an Techniken wird es möglich, ein vielschichtiges Problem zu durchdringen und die wichtigsten Aspekte herauszufinden. Andernfalls entstehen häufig wild aktionistisch erzeugte Lösungsansätze, die leider nicht zum eigentlichen Problem passen. Die vermeintliche Zeitersparnis kann zuweilen kostspielige Konsequenzen haben und die Motivation der Beteiligten enorm senken. Deshalb sparen diese Techniken Teamressourcen wie Aufwand und Zeit und tragen zur Verringerung von Konflikten durch Missverständnisse bei.

Techniken

Dialog über Kreuz

Zu Beginn eines kreativen Problemlösungsprozesses neigt man leicht dazu, ausschließlich direkt zugängliche rationale Faktoren in die Aufgabenformulierung einzubeziehen. Dies vernachlässigt allerdings wichtige Aspekte, die im subjektiv-emotionalen Bereich angesiedelt sind und die Bearbeitung der Aufgabe weit reichend beeinflussen. Deshalb haben wir im Rahmen unserer Beratungstätigkeit die folgende Technik entwickelt, um bei der Problemanalyse sowohl rationale Aspekte (Daten, Zahlen, Fakten) als auch emotionale Aspekte (Bilder, Phantasie, Gefühle) zu berücksichtigen. Dies geschieht in einem schnellen Vorgang, der innerhalb von ca. drei Minuten die Essenz aus beiden Welten auf ein Blatt Papier bringt.

Der Dialog über Kreuz basiert auf der Erkenntnis, dass beide Hände über Kreuz jeweils mit einer Gehirnseite verbunden sind. Dies hat die Beraterin und Kunsttherapeutin Lucia Capacchione eindrucksvoll beschrieben. Durch den Dialog beider Hände eröffnet sich ein schneller, direkter Zugang zu Intuition und zu oft nur unterschwellig wahrgenommenen emotionalen Aspekten, dies in Ergänzung zu den oft vorherrschenden rationalen Aspekten.

Die dominante Hand, egal, ob es die rechte oder die linke ist, die üblicherweise zum Schreiben verwendet wird, ist mit Gehirnbereichen verbunden, die für Daten, Zahlen und Fakten zuständig sind. Daher lassen sich mit dieser Hand zügig die objektiven Faktoren in konventioneller Schreibweise, also in Buchstabenform von links nach rechts, abrufen. Die „andere“ Hand, egal ob es die linke oder rechte ist, wird kaum zum Schreiben und Zeichnen verwendet. Sie ist einerseits ungeübt und wird oft „links liegengelassen“, andererseits kann sie einen Zugang zu Intuition und Gefühl ermöglichen, wenn sie miteinbezogen wird. Dabei ist es empfehlenswert, diese teilweise ungelenke Hand nicht schreiben, sondern zeichnen oder kritzeln zu lassen. Diese Erkenntnisse haben wir wie folgt auf die kreative Problemlösefähigkeit übertragen: Um sich dem zu bearbeitenden Problem auf ganzheitliche Weise zu nähern, lassen Sie der „anderen“ Hand, also der ungeübten, den Vortritt. Sie schreiben mit dieser Hand den Schlüsselbegriff, der sich aus der Phase I ergeben hat, auf eine Seite eines unlinierten Papiers. Zeichnen Sie dann mit dieser Hand alles auf, was Ihnen zu diesem Begriff einfällt. Auch falls Ihnen diese Zeichnungen ungelenk und krakelig erscheinen, machen Sie weiter. Denn mit der „anderen“ Hand aktivieren Sie Ihre bildliche Vorstellungskraft und können unbewusste Meinungen, Vorstellungen, Einschätzungen oder auch Befürchtungen visualisieren. Anschließend wechseln Sie den Stift in die gewohnte Hand und schreiben auf die andere Seite des Papiers die Worte auf, die Ihnen zu dem Schlüsselbegriff einfallen. So nehmen Sie Kontakt auf mit den Gehirnbereichen, die Daten, Zahlen und Fakten beisteuern.

Diese Technik sollte von jeder beteiligten Person durchgeführt werden. Die ausgefüllten Blätter werden dann nebeneinander gehängt. Auf diese Weise erhalten Sie und Ihr Team schnell einen ganzheitlichen Einstieg in das zu bearbeitende Themenfeld – und haben auch einiges an Diskussionsstoff.

Mind Map

Diese von dem Arzt und Kreativitätsforscher Tony Buzan entwickelte Technik führt zu einer übersichtlichen „Landkarte der Gedanken“. Die Vorgehensweise orientiert sich an den Erkenntnissen gehirnfreundlichen Denkens und Lernens, welches sich nicht ausschließlich linear und analytisch vollzieht. Gedanken werden bei dieser Technik als Landkarte abgebildet, und dies geschieht genauso schnell und spontan, wie Assoziationen und Impulse in kreativen Prozessen entstehen.

Benutzen Sie für Mind Maps mindestens DIN A 3-Papier im Querformat. Mind Maps können Sie gut auf Flipchartpapier und auch auf noch größeren Formaten (z. B. Packpapierrolle) anlegen. Das Papier soll nicht kariert oder liniert sein, denn das lenkt den Gedankenfluss ab. Wir verwenden in Seminaren und Workshops quadratisches Papier, das beim Beschreiben um den eigenen Mittelpunkt gedreht werden kann und so eine 360-Grad-Rundumsicht ermöglicht. Schreiben Sie eine prägnant formulierte, kurze Schlüsselfrage oder ein Schlüsselwort zu der Aufgabenstellung, die Sie lösen wollen, in die Mitte des Papiers und ziehen Sie dann von Hand einen Kreis darum. Je knapper die Frage, desto ungehinderter kommt der Assoziationsfluss in Gang. Schreiben Sie ausschließlich in Versalien (großen Druckbuchstaben), dieses regt die Vorstellungskraft zusätzlich an.

Ausgehend von dem Schlüsselbegriff zeichnen Sie eine Gedankenlandkarte. Alles, was mit der Aufgabenstellung zu tun hat, bekommt eine eigene Straße auf der Landkarte und wird mit einem Oberbegriff benannt. Legen Sie dabei zunächst die Hauptstraßen an und lassen Sie davon nach und nach Nebenstraßen abzweigen (siehe Anwendungsbeispiel auf Seite 73). Auf diesen Straßen können Sie auch bildhafte Elemente wie Zeichnungen, Icons, Symbole anbringen. Dies belebt die Mind Map zusätzlich. So erkennen Sie, was die Aufgabe beinhaltet und wie die einzelnen Aspekte zusammenhängen. Wenn Ihnen ein neuer Aspekt einfällt, ergänzen Sie Ihre Mind Map. Farbmarkierungen helfen Ihnen, die Aspekte zu sortieren oder in ihren unterschiedlichen Bedeutungen darzustellen (z. B. was unklar ist, mit einem Fragezeichen markieren. Was konkret getan werden kann, ebenfalls farbig hervorheben.) Achten Sie auf die Lesbarkeit Ihrer Schrift. Die gewonnenen Themenstränge können in einem vertiefenden Schritt ebenfalls den Ausgangspunkt einer detaillierteren Mind Map bilden.

Mittels Mind Map lässt sich eine gehirnfreundliche und ganzheitliche Lösungssuche unterstützen, die wesentlich zur Konzentrationssteigerung beiträgt. Als sehr flexibles Instrument ist diese leicht erlernbare Technik universell einsetzbar. Verschiedene (Lern-) und Denktypen werden gemeinsam in den Analyse- und Entwicklungsprozess eingebunden. Um die Übersichtlichkeit auch bei komplexen, stark verzweigten Gedanken-Landkarten zu garantieren, betonen wir noch einmal, wie wichtig eine großzügige Formatwahl, eine deutliche Schrift in Großbuchstaben und farbig systematische Hervorhebungen sind.

An dieser Stelle möchten wir ein persönliches Plädoyer für das Anfertigen von Mind Maps per Hand halten. Die Vorteile dieser (möglicherweise altmodisch anmutenden) Vorgehensweise im Vergleich zu speziellen Software-Programmen für Mind Maps sind folgende:

- Die Auseinandersetzung mit einem Thema mittels Papier und Stift ist erlebnisintensiv und nachhaltig. Dies beweisen zahlreiche Versuche zum Schreiben von Hand bei Kindern und bei Erwachsenen.
- Der Pädagoge und Sozialreformer Johann Heinrich Pestalozzi hat schon festgestellt, dass man am besten lernt, wenn dabei „Kopf, Herz und Hand“ beteiligt sind. Der Energiefluss vom Gedanken (Kopf) über die emotionale Wahrnehmung (Herz) bis in das visualisierende Werkzeug (Hand) läuft freier, wenn er nicht durch einzelne Mausklicks unterbrochen wird.
- Bei der Entwicklung von Gedanken mittels Mind Map ist nicht das fertige Ergebnis wichtig, sondern der Entstehungsprozess, in dessen Verlauf sich mehrfache Ideenverkettungen herausbilden. Zumal Mind Maps nie wirklich fertig sind und man sie mit zeitlichem Abstand wunderbar ergänzen kann. Dies fällt leichter, wenn die Mind Map großflächig an der Wand hängt und man nicht erst den PC anschalten muss.
- Der Zusammenhang von körperlicher Bewegung und freiem Gedankenfluss spricht dafür, eine Mind Map großformatig an einer Wand zu visualisieren und sich dabei auch im körperlichen Sinne zu bewegen, anstatt an der Tastatur eines Computers zu sitzen. Denn beim Eingeben von Begriffen oder Worten in den Computer sitzt man automatisch in der gleichen Haltung wie beim Bearbeiten von Routineaufgaben, was eine Ideenbremse auslösen kann.
- Die Erarbeitung der Mind Map von Hand ist eine wirkungsvolle Präventivmaßnahme gegen den Kreativitätsvampir Perfektionismus.

Denn oft stufen Menschen die eigene Handschrift als „krakelig“ und unleserlich ein. Und dann wird die Handschrift als essentieller Teil der Persönlichkeit versteckt. Durch das Erarbeiten von Mind Maps bietet sich ein inspirierender und befreiender Weg zur persönlichen Visualisierung – in einer bewusst nicht perfekten, dafür aber authentischen und individuellen Form.

Die Visualisierung von Mind Maps durch computergestützte Software ist nach unserer Meinung empfehlenswert und nützlich, wenn die Inhalte, Straßen und Begriffe der Mind Map bereits „per Hand“ auf erlebnisorientierte Weise gefunden wurden. Dann können diese in eine Computersoftware eingespeist und dort auch ständig aktualisiert werden. Der Vorteil dieser Dateien ist dann, dass die Endergebnisse des Denkprozesses papierlos kommuniziert und präsentiert werden können.

Die Technik der Mind Map bietet ein breites Anwendungsspektrum: Sie ist ein universell anwendbares Moderationsverfahren, mit dem sich Zusammenhänge und Themenaspekte aufs Papier bringen lassen. Als Dokumentationstechnik ermöglicht sie z. B. bei Teamsitzungen und Strategiemeetings und Tagungen eine unkomplizierte Sicherung der Ergebnisse. Darüber hinaus gilt die Mind Map als eine hervorragende Technik, um Ideen zu sammeln und zu visualisieren. Dabei lassen sich Mind Maps sowohl allein als auch in Gruppen verwenden.

In der Phase II sind Mind Maps exzellent einsetzbar, um durch eine Faktenfindung auf objektiver und subjektiver Basis einen ganzheitlichen Einstieg ins Thema zu ermöglichen. So macht eine Mind Map Zusammenhänge, individuelle Interpretationen und subjektive Meinungen sichtbar – noch bevor jeder Einzelne mangels Abstimmung und Einigung auf eine gemeinsame Sichtweise an jeweils einer anderen Aufgabe arbeitet.

Eingrenzung von Themenfeld und Suchwinkel

Vor der Ideenfindung sollte ein Themenfeld eingegrenzt werden, damit die formulierte Aufgabe sich innerhalb der Suchbedingungen und Beurteilungskriterien bewegt. Das Themenfeld bezeichnet den Kreativraum, innerhalb dessen neue Ideen zu finden sind. Die Kunst liegt darin, innerhalb dieses Themenfeldes einen Suchwinkel zu definieren. Dieser sollte nicht zu eng und auch nicht zu weit angelegt werden. Denn ein eng gesteckter Suchwinkel liefert nur wenige und gleichartige Ideen und führt schlimmstenfalls in eine Ideen-Sackgasse. Und ein zu weit gesteckter Winkel lässt die Ideensuche ausufern.

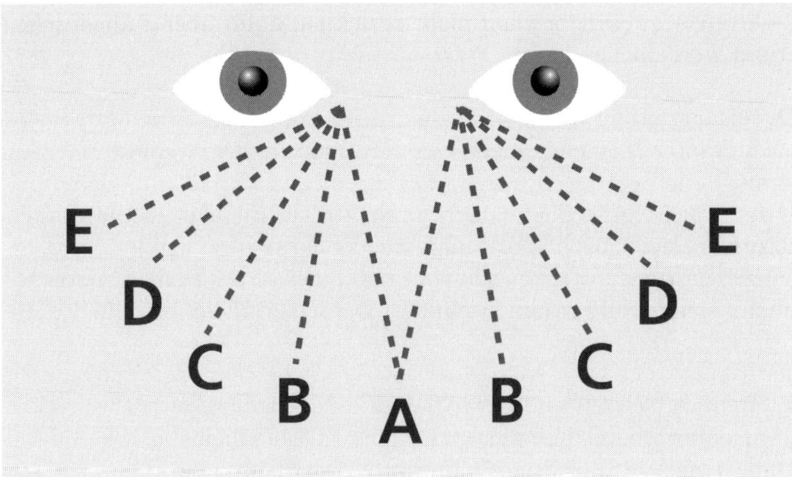

Abb. 4: Den geeigneten Suchwinkel finden

Beispielsweise gibt es beim Themenfeld „Gesundheitsförderung" folgende mögliche Frageformulierungen mit unterschiedlichen Suchwinkeln:

A
„Soll ich mehr für meine Gesundheit tun?"
Diese geschlossene Frage repräsentiert einen extrem engen Suchwinkel, denn sie lässt sich nur mit „Ja" oder „Nein" beantworten und führt sonst zu keinen weiteren Erkenntnissen.

B
„In welches Sportstudio soll ich gehen?"
Diese Frage repräsentiert einen engen Suchwinkel, denn sie führt dazu, dass nur unter verschiedenen Sportstudios ausgewählt wird. Somit entstehen zwar Ideen, aber sehr ähnliche. Andere Sportarten, die außerhalb eines Sportstudios ausgeübt werden, oder weitere Maßnahmen der Gesundheitsförderung werden so gar nicht in Betracht gezogen.

C

„Welchen Sport soll ich ausüben?"

Diese Frage repräsentiert einen etwas erweiterten Suchwinkel, sie führt dazu, dass unter verschiedenen Sportarten ausgewählt wird, dass aber andere Maßnahmen der Gesundheitsförderung gar nicht in Betracht gezogen werden. Somit entstehen zwar Ideen, aber sehr ähnliche.

D

„Wie kann ich erreichen, dass ich Bewegung in mein Leben einbauen kann?"

Diese Frage repräsentiert einen erweiterten Suchwinkel, sie führt dazu, dass nicht mehr nach Sportarten unterschieden wird, sondern dass Lösungen entstehen, wie Bewegung in Form von verschiedenen Sportarten oder Spazierengehen oder Treppensteigen statt Aufzugfahren in den Alltag integrierbar sind.

E

„Was kann ich denn überhaupt für meine Gesundheit tun?"

Diese Frage öffnet einen sehr weiten Suchwinkel, denn sie führt dazu, dass sich unendliche diffuse Möglichkeiten eröffnen. In diesem Fall besteht die Gefahr, in nebelhaften Ideen zu ertrinken.

Es geht bei der Eingrenzung des Themenfeldes also darum, die Fragestellung zu finden, die einen angemessenen Suchwinkel repräsentiert, bei dem eine Vielzahl von unterschiedlichen Ideen zu erwarten ist. Die passenden Fragen zu stellen, ist eine Fähigkeit, die sich zu trainieren lohnt. Dies empfiehlt auch ein bekannter Experte für Detaillösungen und punktgenaue Interpretationen:

> „Um Antworten zu bekommen, muss man zunächst einmal die richtigen Fragen stellen."
>
> Eric Ambler (1909-1998), britischer Kriminalautor

Durch dieses systematische Vorgehen kann man von einer schwammigen Problemauffassung zu einer detaillierten und zielbezogenen Formulierung gelangen, zum tatsächlichen Kern der Aufgabenstellung. So gelingt die inhaltliche Durchdringung des Problems und gleichzeitig das Abstecken eines passenden und für alle Personen relevanten Themenfeldes. Dieses sollte unbedingt mit allen am kreativen Problemlösungsprozess Beteiligten gemeinsam vorgenommen werden.

Empfehlungen zur Aufgabenformulierung

Aus der Beratungserfahrung in unterschiedlichen Anwendungsbereichen haben wir die folgenden Anregungen zur Formulierung einer Aufgabe herausgefiltert. Eine Aufgabe soll formuliert werden:

- als offene Frage,
- in der Gegenwartsform,
- ohne Konjunktiv mit heimlichen Hintertürchen wie „würde“, „könnte“, „müsste“,
- in der Ich- oder Wir-Form, nicht mit unpersönlichen und unverbindlichen „man-Formulierungen“,
- positiv ausgedrückt, das heißt so, dass der angestrebte Wunschzustand und nicht der zu vermeidende formuliert wird,
- ergebnisoffen, ohne bereits einen konkreten Lösungsweg vorzugeben,
- schriftlich fixiert und damit nachvollziehbar.

Der B-Filter

Die gemäß der Empfehlung formulierte Aufgabenstellung wird nochmals untersucht unter den Aspekten:

- *Beeinflussbarkeit*
  Liegt die Lösung der so formulierten Aufgabe auch wirklich im Einflussbereich der sie bearbeitenden Personen? Falls nicht, werden Probleme aufwendig bearbeitet und dabei hoch engagierte Forderungen gestellt, bei deren Realisierung sich dann offenbart, dass niemand dafür zuständig oder befugt ist.

- *Bekanntheit der notwendigen Informationen*
  Besitzen die Beteiligten die notwendigen Informationen, die zum Bearbeiten der Aufgabe gebraucht werden? Falls nicht, stellt sich mitten in der Ideenfindung möglicherweise heraus, dass wichtige Informationen über ein Spezialgebiet fehlen und der kreative Problemlösungsprozess stockt.

Anwendungsbeispiel

In einem Unternehmen besteht seit langem ein Optimierungsbedarf bei den Meetings. Ein gemeinsamer Nenner ist der Stoßseufzer: „Warum sind Meetings denn immer so langweilig und Zeit fressend?“ Daraus ergibt sich das Themenfeld „Meetings“.

Erster Schritt: Dialog über Kreuz

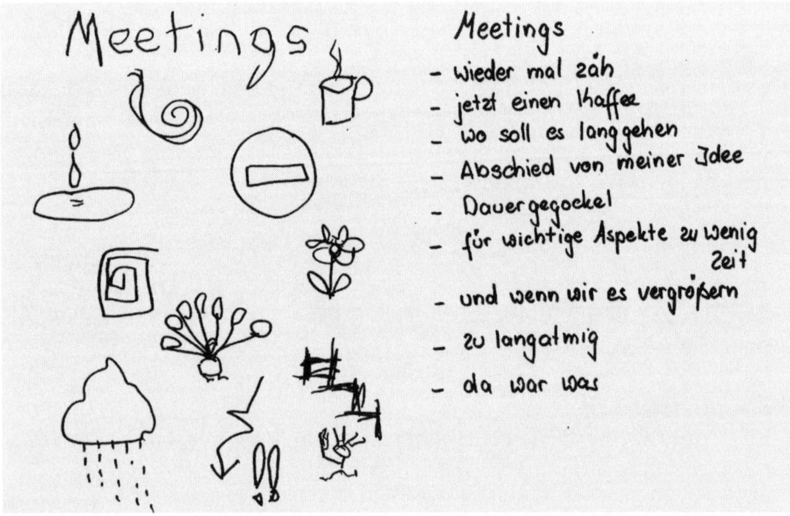

Abb. 5: Dialog über Kreuz (Beispiel)

Dieses Blatt visualisiert, welche rationalen und auch welche emotionalen Faktoren das Themenfeld „Meetings“ beeinflussen. Die linke Seite des Blattes, von einer Rechtshänderin mit linker Hand gestaltet, illustriert durch das Verbotsschild die ausweglose Situation. Spiralformen verdeutlichen wiederkehrende Gedanken und ein Sich-im-Kreis-Drehen bei der Diskussion. Die Kaffeetasse zeigt das Bedürfnis nach Aktivierung. Ein Rad schlagender Pfau symbolisiert die ausufernde Selbstinszenierung einiger Teilnehmender. Eine laufende Figur mit zu Berge stehenden Haaren lässt den Wunsch nach Flucht aus dieser Situation erahnen. Auf der rechten Seite des Blattes sind in einer Liste übersichtliche Aussagen und Aspekte zum Thema gesammelt. Beide Welten haben ihre Berechtigung und sollen in der Problemanalyse gemeinsam beachtet werden.

Zweiter Schritt: Mind Map

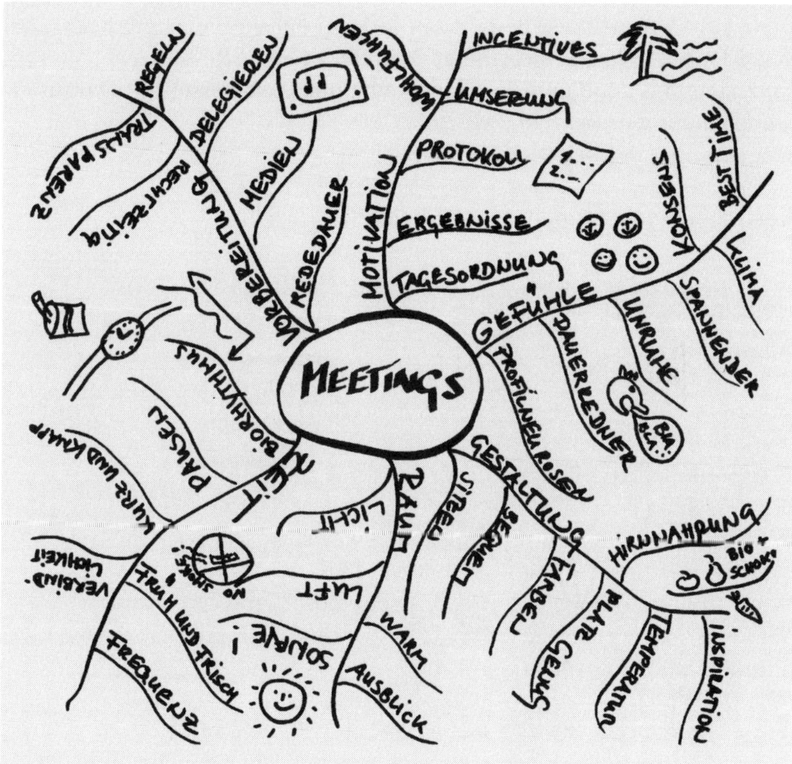

Abb. 6: Mind Map (Beispiel)

Die so ermittelten Faktoren auf rationaler und emotionaler Ebene fließen ein in eine Mind Map. Diese verdeutlicht, wie Meetings zurzeit wahrgenommen werden, welche Aspekte den Beteiligten wichtig sind. Beispielsweise tauchen die Begriffe Raum, Zeit und Medien auf. Zusätzlich erscheinen organisationsbezogene Aspekte wie Vorbereitung, Regeln, Rededauer, welche rationale Aspekte repräsentieren. Gleichzeitig offenbaren sich auch subjektiv-emotionale Begriffe wie Unruhe, Profilneurosen. Es zeigt sich auch der Wunsch nach Licht, Sonne, Berücksichtigung des Biorhythmus, Inspiration. So führt die Mind Map objektive Rahmenbedingungen und individuelle Interpretationen zusammen und macht subjektive Meinungen zum Thema sichtbar.

Dritter Schritt: Eingrenzung von Themenfeld und Suchwinkel

Um das zu lösende Problem aus verschiedenen Perspektiven zu beleuchten, werden zunächst die in der Mind Map aufgetauchten Aspekte in Fragen formuliert. Notieren Sie diese als W-Fragen (wer, wann, wie, wo, womit, warum ...?), ohne bereits nach Antworten zu suchen. Dies ist in der momentanen Phase wirklich sehr wichtig.

Auftretende Fragen zum Themenfeld „Meetings“:

Warum dauern Meetings immer so lange?
Wo sollten die Meetings überhaupt stattfinden?
Wieso sind sie so langweilig?
Wann sollten Meetings stattfinden?
Wie oft sollten Meetings einberufen werden?
Welcher Zeitrahmen sollte für Meetings angesetzt werden?
Wieso gibt es bei Meetings denn nie etwas zu essen?
Warum muss denn der Meetingraum immer so kalt sein?
Welcher Personenkreis soll eingeladen werden?
Wer formuliert die Einladung mit den TOPS?
Wie kann in Meetings die abgestandene Luft verbessert werden?
Wie viel kostet eigentlich ein Meeting, wenn sich sechs Personen zwei Stunden lang langweilen?
Warum gehe ich so ungern in die Meetings?
Wer achtet darauf, dass es auch etwas zu trinken gibt?
Wie halten es die Raucherinnen und Raucher aus, ohne abzuschlaffen?
Was nervt die anderen denn im Meeting?
Warum gibt es nie ein Ergebnisprotokoll?
Wie lässt sich diese Vielschwätzerei vermeiden?
Wie verhindere ich, dass immer ich die Tassen spülen muss?
Was ist notwendig, damit ein Meeting pünktlich anfängt?

Damit werden alle Aspekte, die den Beteiligten im Kopf herumschwirren, zu Papier gebracht. Es zeigt sich, dass sich hier inhaltliche, organisatorische und emotionale Aspekte mischen. Und es offenbart sich hier bereits deutlich, dass die Fragen einen sehr unterschiedlichen Detaillierungsgrad haben: einige beziehen „Optimierung von Meetings“ auf organisatorische Mängel, andere auf persönliches Missbefinden. Hier treffen also sehr unterschiedliche Interpretationen aufeinander. Nun geht es darum, das Wesentliche aus dieser Vielzahl Fragen herauszufiltern, das für alle Beteiligten zutrifft.

Diese Sammlung an Fragen wird nun vereinfacht durch die folgende Formulierungshilfe zur Verengung des Suchwinkels:

Wie können wir Meetings organisieren, so dass
- wir zukünftig mehr auf den Raum achten,
- keine Zeit mehr vertrödelt wird,
- wir wissen, wer zuständig ist,
- klar ist, wer das Protokoll schreibt,
- nicht immer nur die gleichen Leute reden,
- uns bewusst ist, was eigentlich wie lange dauert,
- es nicht so langweilig ist,
- wir auf die körperlichen Bedürfnisse achten,
- wir öfter mal lüften,
- es mehr interessante Präsentationen gibt,
- es irgendetwas gibt, das begeistert,
- ein besserer Umgangston besteht?

Als Fazit daraus ergibt sich eine weitere Eingrenzung des Suchwinkels: „Wie können wir Meetings organisieren, die auf der Sachebene klarer strukturiert sind und dabei ein positives Gefühl vermitteln?"

Diese Frage wird weiter vereinfacht mit der Formulierungshilfe:

Wie können wir Meetings organisieren, so dass
- der Raum entsprechend vorbereitet ist,
- Zuständigkeiten geklärt sind,
- straff moderiert wird,
- der Zeitrahmen eingehalten wird,
- Informationen sinnvoll aufbereitet sind,
- jeder zu Wort kommt,
- Erkenntnisse gesichert werden,
- das Protokoll gesichert ist,
- für Trinken und Essen gesorgt ist,
- es inspirierende Präsentationen gibt,
- die Gesprächsatmosphäre angenehm ist,
- alle Sinne angesprochen werden,
- es jedes Mal etwas gibt, das uns überrascht?

Die erneute Bündelung dieser Aspekte ergibt die Frage „Wie können wir eine informative und inspirierende Besprechungskultur entwickeln?“

Damit ist ein Suchwinkel definiert, der eng genug ist, um greifbare Ideen zu entwickeln. Gleichzeitig ist der Suchwinkel weit genug, um einen Vielzahl unterschiedlicher Ideen zu ermöglichen. Die Frage ist positiv und zukunftsgerichtet formuliert und stellt so die Weichen für eine ergiebige Bearbeitung des Problems. Diese Formulierung bringt es für alle Beteiligten nachvollziehbar auf den Punkt, was in der nächsten Phase der Ideenfindung bearbeitet werden soll.

Vierter Schritt: Empfehlungen zur Formulierung einer Aufgabe

Die Überprüfung ergibt, dass diese Formulierung der Aufgabe den Empfehlungen entspricht.

Fünfter Schritt: B-Filter

Beeinflussbarkeit: ist gegeben
Bekanntheit der notwendigen Informationen: ist gegeben

Diese Aufgabenformulierung kann nun mit verschiedenen Ideenfindungstechniken in der Phase III bearbeitet werden.

2.4 Der Sprung in die Kreativität
Ideen systematisch produzieren

Auf neue Ideen kommen und Problemstellungen des Alltags auf originelle Weise bewältigen? Das sagt sich oft leichter, als es ist! Dennoch lassen sich mit geeigneten Instrumenten zur Ideen-Findung vielfältige Gedanken- und Lösungsansätze generieren. Erleben Sie in diesem Kapitel, wie Sie sich mit Warm-up-Übungen in den divergenten Denkstil bringen. Erfahren Sie, wie sich ein kreativitätsförderndes Umfeld schaffen lässt. So gelingt es Ihnen, ein Feuerwerk an Ideen zu entzünden.

Kurzprofil der Phase III: Ideen-Findung

Schwerpunkt:
Kreativ aufwärmen
Ideen fließen lassen
Ideen sammeln

Vorwiegender Denkstil:
Divergent

Schlüsselfrage:
„Wie können wir erreichen, dass ...?"

Ergebnis:
Eine Vielzahl von Ideen

Vorbereitung:
Das 8 x 1 der Ideenfindung©
Der Kreativ-Parcours© mit Warm-up-Übungen

Ideenfindungstechniken:
Brainstorming in Kombination mit Mind Map
635-Technik
Gift-und-Gegengift-Technik©
Impulsfragen nach der Osborn-Checkliste
Morphologischer Kasten
Belebtes-Bühnen-Bild-Technik©
Reizwortanalyse

Phasenbeschreibung

Sie haben die Problemstellung in der vorangegangenen Phase II der Wachstumsspirale© klar und exakt definiert. Die Aufgabe ist somit für alle in den Entwicklungsprozess eingebundenen Personen gegenwärtig und unmissverständlich bekannt. Dann kann nach einem kurzen Aufwärmen die schöpferische Ideen-Findung beginnen. Dieses Kreativ-Warm-up ist wichtig, damit Sie sich voll und ganz auf die kreative Arbeit und auf die zu bewältigende Aufgabenstellung einlassen können. Denn wie bei einer sportlichen Leistung benötigt jeder eine Aufwärmphase für Körper und Geist, die auf die bevorstehenden Aufgaben vorbereitet und die Entfaltung der kreativen Potenziale ermöglicht. Niemand kann „aus dem Stand" kreativ sein. In der vorhergehenden Phase der Problemanalyse und Aufgabenformulierung haben Sie verstärkt konvergent gearbeitet. Öffnen Sie nun den Fluss kreativer Ideen durch Kurzübungen, die Sie auf den Einsatz des divergenten Denkstils einstimmen. Dazu haben wir Ihnen passende Warm-up-Übungen im Kreativ-Parcours© auf S. 81 zusammengestellt.

Erste Ideen und Teillösungen schwirren Ihnen bzw. Ihren Kolleginnen und Kollegen bereits durch den Kopf. Nutzen Sie diese nahe liegenden Gedanken, lassen Sie sie heraus und halten Sie diese Spontanlösungen schriftlich fest. So bekommen Sie einen freien Kopf und können sich ganz auf die Suche nach weiteren, weniger alltäglichen Lösungsansätzen konzentrieren. Dazu setzen sie eine Ideenfindungstechnik ein. Mit dieser durchbrechen Sie herkömmliche Denk- und Verhaltensmuster wirkungsvoll und er-finden neue Lösungsansätze. Hilfreich können hierbei die Techniken der Ideen-Findung sein, die wir Ihnen in diesem Kapitel vorstellen. Divergentes Denken hat in dieser schöpferischen Phase Vorrang: Träumen, Spinnen, Visionen und Utopien entwickeln, Assoziieren und die Fähigkeit, über den Tellerrand hinauszuschauen, sind gefragt. In der Phase III darf es ruhig etwas wild und „verrückt" werden:

> „Was wir brauchen, sind ein paar verrückte Leute. Seht euch an, wo die vernünftigen uns hingebracht haben."
> George Bernhard Shaw (1856-1950), britischer Schriftsteller

Schwierigkeiten und Hindernisse in der Phase III:

- das Versäumnis, allgemein gültige Regeln zur Schaffung eines kreativen Schutzraums festzulegen, die für alle verbindlich gelten
- Routine und Expertenwissen
- Prinzipien und Normen
- zu früh angebrachte und gar destruktive Kritik
- zu schnelles Aufgeben bei Ideenbremsen

Nehmen Sie Ihre Umwelt aufmerksam wahr, seien Sie offen für die Vielzahl der sich Ihnen bietenden Anregungen. Ideen lauern schließlich überall, Sie sollten nur bereit sein, sie auch wahrzunehmen. Setzen Sie in dieser Phase alle Sinne ein, die Sie mit den speziellen Übungen im Kapitel „Impulse durch Perspektivwechselfähigkeit“ besonders schärfen können. Verordnen Sie sich und Ihrem Team gemeinsam entwickelte Regeln, die für alle gleichermaßen gelten und für ein ideenfreundliches Umfeld gemäß dem Motto dieser Phase „Alles ist möglich!“ sorgen.

In diesem Kapitel finden Sie die Spielregeln „8 x 1 der Ideenfindung©“, welche die systematische Ideenerzeugung in einer kreativitätsförderlichen Arbeitsatmosphäre unterstützen. Diese Spielregeln sollten Sie an alle aushändigen, sichtbar während der Teamsitzungen anbringen und im Bedarfsfall (also bei Regelverstoß) immer wieder daran erinnern, dass kreative Freiräume Schutzräume sind.

Das 8 x 1 der Ideenfindung©

Um für die Phase der Ideen-Entwicklung ein günstiges Umfeld zu schaffen, ist es wichtig, bestimmte Spielregeln zu beachten. Dafür erhalten Sie hier eine Empfehlung zur Anwendung dieser Regeln zur Ideenproduktion. Das 8 x 1 der Ideenfindung© basiert auf den Grundregeln des Brainstorming, die der Werbefachmann Alexander Osborn zur effizienteren Besprechungsmoderation entwickelt hat. Diese haben wir aufgrund von Erfahrung in Kreativprozessen kontinuierlich ergänzt und weiterentwickelt sowie für die Anwendung bei weiteren Ideenfindungstechniken angepasst. Wir empfehlen, diese Regeln nicht nur bei Brainstorming anzuwenden, sondern auch bei allen anderen Technik, die der gezielten Ideenproduktion dienen. Bei der Ideenfindung geht es darum, einen „kreativen Schutzraum“ zu schaffen, damit sich neue Ideen ungehindert in einem kritikfreien Rahmen entfalten können. Dies fördert das 8 x 1 der Ideenfindung©, es ist somit unerlässlich zum strukturierten Vorgehen bei der Ideenfindung. Diese Regeln bilden das solide Fundament zur verlässlichen Anwendung jeder Ideenfindungstechnik.

Geeignet ist das 8 x 1 der Ideenfindung© sowohl bei der Arbeit im Team als auch bei der Einzelarbeit. Wenn Sie auf sich allein gestellt mit Ideenfindungstechniken arbeiten, so sollten Sie das nicht „eben mal zwischendurch“ tun. Empfehlenswert ist ein „Kreatives Rendezvous“, das Sie mit sich selbst vereinbaren (und an dessen Rahmenbedingungen Sie sich halten – genau wie in der Gruppenarbeit).

Bitte stellen Sie vor der Anwendung der Ideenfindungstechnik sicher, dass alle Beteiligten diese Regeln kennen und vollständig akzeptieren. Ab diesem Punkt haben Sie eine der wichtigsten Weichenstellungen im kreativen Problemlösungsprozess vollzogen und können Ihre Ideen sprießen lassen.

1.
Sie stellen eine Arbeitsgruppe mit einer bestimmten Anzahl von Personen zusammen (empfehlenswert ist eine Anzahl von 5 bis 10 Personen). In dieser Arbeitsgruppe vereinbaren Sie Gleichberechtigung als Basis einer erfolgreichen Ideenentwicklung.

2.
Sie setzen für die Bearbeitung der Aufgabe einen Zeitrahmen fest (empfehlenswert sind 40 bis 60 Minuten) und nutzen diesen auch vollständig.

3.
Sie sorgen für Freiraum zum Arbeiten, d. h. freie Flächen, Platz zum Ausbreiten, die Möglichkeit ungestört zu arbeiten.

4.
Sie vereinbaren, dass das Ziel der Arbeitsgruppe die systematische „Produktion“ von möglichst vielen Ideen ist. Grundsätzlich gilt dafür: Jede Idee ist willkommen! Nichts ist zu banal, nichts ist zu selbstverständlich, nichts ist zu verrückt, um es als Idee zu nennen. Die Idee formulieren Sie nach der „K und K“-Formel:
Kurz = auf den Punkt gebracht
Konkret = klar, deutlich, möglichst bildhaft

5.
Sie teilen während der Anwendung der Ideenfindungstechnik die von Ihnen formulierten Ideen mit anderen und greifen die Ideen der anderen auf bzw. entwickeln diese weiter.

6.
Während der Anwendung der Ideenfindungstechnik schaffen Sie eine „kritikfreie Zone" und verpflichten sich, jede Form von Kritik zu unterlassen wie z. B.:
Verbale Kritik = durch Getuschel, Gemurmel, Zwischenrufe, Killerphrasen
Akustische Kritik = durch Getrappel, Geraschel, Klopfen, Kugelschreiberdrücken
Mimische Kritik = durch Gesichtverziehen, Augenverdrehen
Gestische Kritik = durch abfällige Gesten jeder Art

7.
Sie treffen die Vereinbarung, dass eine Person während der Anwendung der Ideenfindungstechnik neutral moderiert, ohne selber Ideen beizusteuern. Die moderierende Person leitet die Diskussion, bündelt die Beiträge und stellt die Einhaltung des formalen Rahmens und der vereinbarten Spielregeln sicher. Die moderierende Person visualisiert in der Arbeitsgruppe die Ideen dabei für alle sichtbar. Dabei ist es wichtig, dass diese Visualisierung großflächig und auf nicht kariertem Papier ist. Auch sollen während der Ideen-Findung die bereits gesammelten Ideen für alle sichtbar an der Wand hängen.

8.
Sie klären vor der Anwendung der Ideenfindungstechnik verbindlich, von wem die durch die Technik entstehenden Ideen genutzt werden dürfen.

Abb. 7: Das 8 x 1 der Ideenfindung©

Der Kreativ-Parcours© mit Warm-up-Übungen

Mit diesem Parcours lassen sich kreative Potenziale wecken und eine kreative Geisteshaltung aktivieren. Die nachfolgend vorgestellten Übungen dienen als Warm-up dazu, um Sie auf den nun in der Phase der Ideen-Entwicklung benötigten divergenten Denkstil einzustimmen. Die Anwendungsdauer der Übungen liegt zwischen 3 und 10 Minuten. Damit können Sie sich, wie in einem sportlichen Parcours, auf den „Sprung in die Kreativität" vorbereiten. Denn auf spielerische Weise gelingt es am besten, das Tagesgeschäft mit den Daten, Zahlen und Fakten für die Dauer der Kreativsession auszublenden und sich auf das Ideenfinden einzustimmen.

Kreativ-Warm-up „Synchron Malen"

Nehmen Sie in jede Hand einen dicken Stift unterschiedlicher Farbe, z. B. Bunt- oder Wachsstifte. Befestigen Sie ein Blatt Papier auf Ihrer Schreibunterlagen oder benutzen Sie einen Zeichenblock in DIN A 3-Format oder größer. Von einer gedachten Mitte (nicht mit Bleistift markieren, das ist wichtig!) ausgehend, zeichnen Sie nun achsensymmetrische Figuren. Es braucht kein gegenständliches Motiv entstehen, wesentlich ist dabei nur, dass Sie gleichzeitig mit beiden Händen von der Blattmitte aus zeichnen.

Abb. 8: Synchron Malen

Kreativ-Warm-up „Farbiger Spaziergang"

Begeben Sie sich gemeinsam mit allen an der Ideen-Findung Beteiligten auf einen gedanklichen Spaziergang durch farbige Erlebniswelten. Dabei assoziiert jeder reihum passend zum Motto der jeweiligen Runde, was er auf seinem Spaziergang gerade erlebt.

Runde 1: Grün sehen
Welche grünen Gegenstände gibt es hier in diesem Raum?
(grüner Kugelschreiber, grüner Ordner, grüner Schraubenzieher ...)

Welche grünen Gegenstände oder Lebewesen gibt es außerhalb dieses Raumes? Bitte bildlich vorstellen!
(Granny Smith Apfel, grüngestreifte Krawatte, Grüner Punkt, grüne Zahnbürste, Gurke, Avocado, CNC-Fräsmaschine in der Werkstatt, Pfefferminztee, Kräuterlikör, grünes Hustenbonbon, Smaragd, Frosch, unreife Banane ...)

Runde 2: Grün spüren
Wie fühlt es sich an, wenn Sie in Ihrer Vorstellungskraft einen grünen Gegenstand berühren?
(nasses grünes Moos, glibberiger grüner Wackelpudding, warme Motorhaube eines grünen Traktors, zartweiches Kleeblatt ...)

Runde 3: Grün riechen
Was riecht grün?
(Geruch nach Maiglöckchen, Basilikum, Ozon, Kräutern ...)

Runde 4: Grün schmecken
Was schmeckt grün?
(Pfefferminzkaugummi, Grüne Soße, Pistazieneis, Waldmeisterbowle ...)

Runde 5: Grün hören
Was klingt grün?
(Waldesrauschen, Vogelgezwitscher, Quellengeglucker ...)

Runde 6: Grün sprechen
Welche Redensarten und Sprichwörter fallen Ihnen ein, in denen Grün vorkommt? Diese können auch kreativ auf die jeweilige Farbe umgetextet werden.
(das grüne Leuchten, es grünt so grün, grün und blau ärgern, grün ist die Hoffnung, sie ist mir nicht grün, auch ein grünes Huhn findet einmal ein Korn, grün gefreit hat nie gereut ...)

Sollten Sie diese Übung häufiger als Warm-up einsetzen, so achten Sie darauf, dass Sie nicht immer zu derselben Farbe assoziieren. Ein Wechsel der verwendeten Farbe vermeidet eingeschliffene Gedankenmuster.

Kreativ-Warm-up „Vielseitig"

Finden Sie möglichst viele Verwendungsmöglichkeiten für einen alltäglichen Gegenstand, wie beispielsweise leere Flasche, Ziegelstein, Radiergummi, Bleistift ... Notieren Sie zügig alle Gedanken dazu auf, die Ihnen innerhalb von drei Minuten einfallen. Beispiel leere Flasche: als Flaschenpost verschicken, Regal daraus bauen, als transparenten Tresor verwenden und mit Goldmünzen füllen, daraus trinken, als Blumenvase nutzen, als Brennglas verwenden, mit Sand gefüllt als Hantel verwenden, als Orden verleihen ...

Kreativ-Warm-up „Buchstaben-Cocktail"

Stellen Sie einen Buchstaben-Cocktail zusammen, der alle Buchstaben Ihres Vor- und Nachnamens oder Ihrer Straße und Ihres Wohnortes enthält. Maximal 15 Buchstaben sind ideal. Versuchen Sie dann, innerhalb von 5 Minuten möglichst viele Worte aus Ihrem Cocktail zu kombinieren. Sie dürfen die Buchstaben auch mehrfach verwenden, Groß- und Kleinschreibung werden dabei nicht beachtet.

Kreativ-Warm-up „Wort-Kette"

Setzen Sie sich in kreisförmiger Formation und reichen Sie in verbaler Form Doppelworte als nicht abreißende Kette herum. Jeder bekommt vom Vorgänger einen aus zwei Hauptworten zusammengesetzten Begriff. Nun greift er das letzte Wort auf und verbindet es mit einem anderen Hauptwort zu einem neuen Begriff. Lassen Sie die Wortkette mindestens dreimal reihum kreisen. Beispiel:

Wort-Kette	Wort-Kette	Wort-Kette
Ketten-Säge	Ketten-Karussell	Ketten-Hemd
Säge-Blatt	Karussell-Runde	Hemd-Kragen
Blatt-Gold	Rund-Gang	Kragen-Spitze
Gold-Medaille	Gang-Schaltung	Spitzen-Tanz
Medaillen-Gewinn ...	Schaltungs-Pedal ...	Tanz-Schule ...

Abb. 9: Wort-Kette

Kreativ-Warm-up „kreative Weisheiten"

Verfremden, verdrehen, verändern Sie allgemein bekannte Aussprüche und Lebensweisheiten. Sicherlich kennen Sie zahlreiche Sprichworte und Redewendungen wie

- „Je später der Abend, desto schöner die Gäste."
- „Morgenstund hat Gold im Mund."
- „Es ist noch kein Meister vom Himmel gefallen."

Aus den oben anführten Beispielen kann beispielsweise Folgendes entstehen:

- „Je schöner die Gäste, desto später der Morgen."
- „Abendstund hat Gold im Mund."
  „Mittagsstund hat Platin im Schlund."
- „Es ist noch kein Lehrling in die Hölle gekommen."

Für Fortgeschrittene:
Haben Sie bereits einige Übung im Verfremden allgemein bekannter Sprichworte und Redensarten gewonnen, so können Sie sich an die zweite Stufe des Warm-ups, das „Analogie-Muster", wagen: Bilden Sie zu einem Begriff wie „Freunde" nun Ihre eigene kreative Lebensweisheit, in dem sie diesem Begriff mit einem anderen – willkürlich gewählten – verknüpfen, z. B.:

„Freunde sind wie Perlen an einer Schnur – sie hängen zusammen."
„Freunde sind wie Spatzen – immer da, wenn es etwas zu essen gibt."
„Freunde sind wie Regenschirme – sie halten uns ständig in Spannung."

Ideenfindungstechniken

Ideenfindungstechniken sind innovationsfördernde und kreativitätsunterstützende Denkwerkzeuge. Sie lenken die Gedanken auf neue Wege, um zusätzlich zu den bereits bekannten Lösungen neue und originelle Ideen zu entdecken. Dabei ist das Ziel, nicht nur schnell ca. zehn neue Ideen zu finden, sondern das Sammelbecken der Ideen reichhaltig anzufüllen, Quantität geht hier vor Qualität.

Der bevorzugt eingesetzte Denkstil dafür ist divergent. Vermeiden Sie vorschnelle Be- bzw. Abwertungen. Sorgen Sie dafür, dass möglichst viele und auch unkonventionelle Ideen entstehen. Es ist immer leichter, aus einem reichhaltigen Ideenfundus auszuwählen, dabei auch verrückt erscheinende Ideen zurechtzustutzen, als aus wenigen, eher langweiligen Gedanken noch etwas zu machen.

Achten Sie jedoch darauf, dass die Ideen-Findung nicht zum Marathon wird. Insgesamt sollte die dafür angesetzte Zeit 90 Minuten nicht übersteigen. Danach lassen Konzentration und Engagement nach. Ermüdungserscheinungen, Bewegungs- und Frischluftbedürfnisse stellen sich ein. Es wird also Zeit für eine Pause. Andererseits sollte die Zeitspanne für die Ideenfindung aber auch nicht unter 25 Minuten liegen. Denn bei der Ideen-Findung stellen sich zunächst die nahe liegenden Ideen ein – und dann erst die wirklich originellen. Auch wenn Ihnen beim Einsatz einer Ideenfindungstechnik nach einigen Minuten manche Ideen bereits geeignet erscheinen, brechen Sie die Ideen-Findung keinesfalls zu früh ab! Suchen Sie weiter nach Lösungsmöglichkeiten.

Es kann auch hilfreich sein, noch eine weitere Ideenfindungstechnik einzusetzen, denn andere Techniken führen oft auch zu neuen Impulsen und Erkenntnissen. Gehen Sie davon aus, dass andere – beispielsweise auch Ihre Mitbewerber – bereits auf die nahe liegenden Ideen gekommen sind. Deshalb rentiert es sich, bei der Ideen-Findung sehr viele (warum nicht hundert?) und sehr ungewöhnliche, nichtalltägliche (warum nicht „verrückte?“) Ideen zu produzieren. Denn damit erhöhen Sie die Chance auf eine ergiebige Ideen-Ausbeute.

Wir haben in diesem Kapitel die von uns bevorzugt eingesetzten Ideenfindungstechniken zusammengestellt. Dabei beschränken wir uns auf die Basisformen bereits existierender und seit Jahren effektiv angewandter Techniken. Darüber hinaus präsentieren wir Ihnen selbst entwickelte Methoden, die aus den Anforderungen und Erfahrungen spezifischer, von uns begleiteter Ideenfindungsprozesse erwachsen sind. Die Anwendungsbeispiele der Techniken stammen aus verschiedenen Beratungssituationen und Seminaren, haben also einen starken Praxisbezug. Sie sind allerdings anonymisiert und in einer neutralen Form wiedergegeben.

Die vorgestellten Ideenfindungstechniken sind nach Auswahlkriterien zusammengestellt, die sich daran orientieren, welche Informationen für Sie in der Praxis relevant sind. Somit können Sie jederzeit das für Ihre Bedürfnisse, die allgemeinen Rahmenbedingungen und die jeweilige Aufgabenstellung passende Instrument einsetzen. Die Techniken sind wie folgt beschrieben:

- Der Punkt „Zeitbudget“ nennt Ihnen einen Rahmen dafür, welche zeitlichen Ressourcen Sie für den Einsatz dieser Technik einplanen sollten. Pausen werden dabei nicht mitgerechnet, da diese individuell an das jeweilige Team anzupassen sind.
- Unter „Personenanzahl“ wird empfohlen, mit wie vielen Personen diese Technik optimal anwendbar ist.
- Die „Vorgehensweise“ beschreibt, wie Sie diese Technik in der Praxis durchführen können.
- Als „Anwendungsbeispiel“ wird eine praxisbezogene Aufgabenlösung dargestellt.
- Unter „Empfehlungen“ sind die Besonderheiten der jeweiligen Technik kommentiert und zusammengefasst.

Brainstorming in Kombination mit Mind Map

Brainstorming wurde von dem amerikanischen Werbefachmann Alexander Osborn entwickelt. Damit wollte er negatives Besprechungs- und Konferenzverhalten in einer kreativitätsfeindlichen Atmosphäre abschaffen und eine produktivere Gruppenarbeit ermöglichen. Dies erreichte er durch die konsequente Trennung der Ideenfindung und der anschließenden Ideenbewertung. Brainstorming (engl. „Sturm im Gehirn“) bezieht sich darauf, dass Denkinhalte gründlich durchgewirbelt werden. Es ist also eine Einladung, einmal richtig „stürmisch“ Ideen zu entwickeln.

Brainstorming ist – zumindest dem Namen nach – die in Unternehmen am meisten verwendete Methode. Oft wird das Brainstorming im Sprachgebrauch sogar als generelles Synonym für Ideenfindungstechniken verwendet. Als Kombination mit Mind Map ermöglicht Brainstorming das schnelle Abbilden von sprunghaften Gedanken in einer „Landkarte“. Die Technik Mind Map ist ausführlich beschrieben auf der Seite 66. Diese

Kombination von Brainstorming und Mind Map fördert eine umfassende Ideenfindung durch die entstehende übersichtliche Landschaft der Möglichkeiten. Diese stimuliert durch ihre bildhafte Darstellung die Vorstellungskraft zusätzlich. Durch die ansprechende Visualisierung können die Ergebnisse auch leicht von an der Ideenfindung nicht beteiligten Personen nachvollzogen werden.

Zeitbudget
Sie benötigen für die Anwendung des Brainstormings in Kombination mit Mind Map 40 bis 60 Minuten. Die Mind Maps können mit neuen Ideen stets aktualisiert und angeglichen werden. Denn Mind Maps sind „lebendige Organismen" und können sich weiterentwickeln. Dies liegt daran, dass Ihr Gehirn unbewusst weiter nach Lösungen sucht, auch wenn Sie sich nicht bewusst mit der Fragestellung beschäftigen. Deshalb können Sie sich eine Mind Map mit Ideen nach einer Ruhezeit von ein oder zwei Wochen durchaus wieder vornehmen. Sie werden sehen – sie wächst weiter.

Personenanzahl
Die Kombination von Brainstorming mit Mind Map ist hervorragend allein einsetzbar. Genauso geeignet ist diese Kombination für kleine Gruppen mit 4 – 6 Personen. Gemeinschafts-Mind Maps sind auch in Gruppen bis maximal 20 Personen durchführbar. Allerdings benötigt man hierzu eine geübte Moderatorin bzw. einen Moderator, die die Mind Map aus den Gruppenassoziationen entstehen lassen.

Vorgehensweise
Sammeln Sie mögliche Ideen zu einer allen Personen bekannten Fragestellung und zeichnen Sie diese per Mind Map deutlich sichtbar für alle. Dabei werden die Ideen von den Beteiligten laut ausgesprochen und von der moderierenden Person visualisiert. Somit entsteht ein Ideen-Pool, der auf die Beteiligten zurückwirkt und sie wiederum auf neue Ideen bringt.

Anwendungsbeispiel
In einer Organisation, in der ein Projekt das andere ablöst, sollen die Beteiligten motiviert werden. Dazu sollen neue Lösungsansätze erarbeitet werden.

Aufgabenstellung:
„Mit welchen Aktionen und Maßnahmen können wir die Beteiligten an Projekten motivieren?“

Gesammelte Ideen in Form einer Mind Map, Gemeinschaftsarbeit visualisiert durch Moderatorin

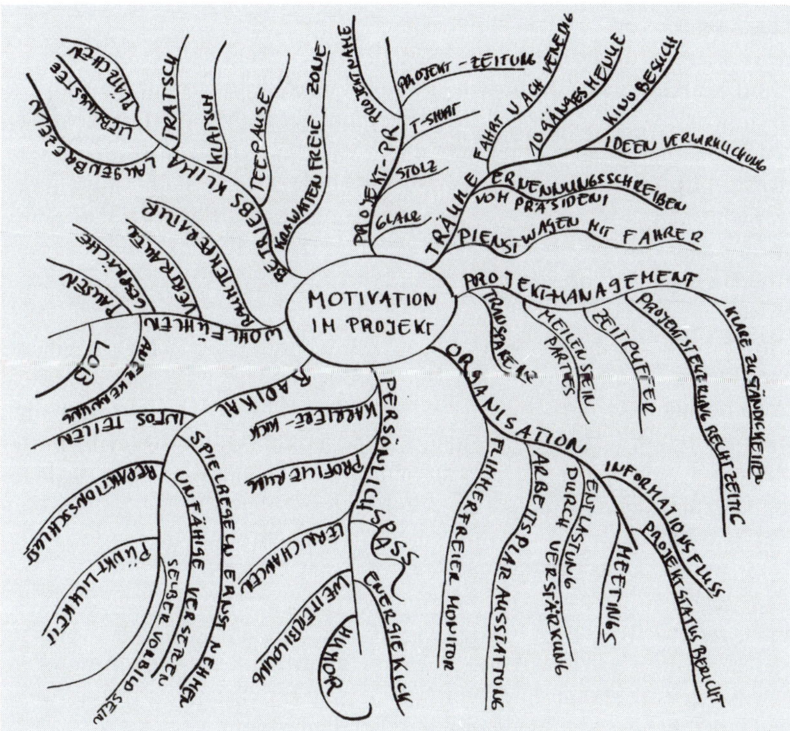

Abb. 10: Mind Map (Beispiel)

Empfehlungen
Brainstorming ist eine klassische Ideenfindungstechnik, die bei professioneller Anwendung eine Vielzahl an Ideen hervorlocken kann. Sie eignet sich besonders für konkrete Fragestellungen. Achten Sie darauf, dass das Kreativteam für diese verbale Interaktion eingestimmt ist und dass sich keine „Viel- oder Langredner“ hervorheben.

An dieser Stelle ist allerdings zu erwähnen, dass nicht alle, die behaupten ein Brainstorming durchzuführen, dies auch tatsächlich tun. Die Technik Brainstorming verlockt tatsächlich dazu, sie „eben mal zwischendurch“ anzuwenden. Demzufolge werden häufig Anwendungsfehler gemacht, welche die Technik dann erheblich in ihrer Effektivität schwächen. Deshalb sollten die beim Brainstorming entstandenen Ideen auch unbedingt sofort visualisiert werden – am besten in Form einer Mind Map.

Brainstorming kann ohne professionelle Moderation leicht ins Uferlose geraten. Auch die dabei freigesetzten Energien sind manchmal kaum zu bändigen. Für die selbst organisierte Anwendung ist daher die Ergänzung von Brainstorming mit der Technik Mind Map unbedingt empfehlenswert.

635-Technik

Die Technik wurde von dem Unternehmensberater Bernd Rohrbach entwickelt. Der Name bezieht sich darauf, dass insgesamt 6 Personen jeweils 3 Ideen im 5-Minutentakt notieren. Die 635-Technik gehört zu den Brainwriting-Techniken, die den Grundgedanken des Brainstormings aufgreifen, allerdings werden hier Ideen von jedem einzelnen Teilnehmenden schriftlich festgehalten. Somit kann während der Anwendung weitgehend auf verbale Kommunikation verzichtet werden.

Zeitbudget
Für jeden der sechs Durchgänge werden 5 Minuten benötigt, d. h. ein Gesamtdurchlauf dauert 30 Minuten. Um Kombinationen aus den einzelnen Lösungsansätzen zu entwerfen, sollten 30 Minuten angesetzt werden. Die Gesamtdauer beträgt somit 60 Minuten.

Personenanzahl
Die Technik ist in dieser Form nur im Team anwendbar; im eigentlichen Sinne nur mit 6 Personen. Sie kann aber durchaus auch mit 5 oder 7 Personen eingesetzt werden.

Vorgehensweise
Die klar formulierte Aufgabenstellung wird von jedem Teammitglied im gleichen Wortlaut auf ein vorbereitetes Formular geschrieben (siehe An-

wendungsbeispiel auf Seite 92). Das Lösungsformular sollte am besten im DIN A 3- oder mindestens DIN A 4-Format vorliegen, damit die Teilnehmenden ihre Ideen nicht in viel zu enge Kästchen klemmen müssen, denn ein beengendes Gefühl schnürt auch den Ideenfluss ein!

Anschließend schreiben 6 Personen jeweils 3 Gedanken bzw. möglichst detaillierte Lösungsansätze zur beschriebenen Problemstellung in 5 Minuten auf. Der gut leserlich (!) ausgefüllte Arbeitsbogen wird an den Teamnachbarn weitergereicht. Dieser reflektiert die drei Ideen des „Vordenkers“ und fügt seine individuellen Gedanken weiter ein. Dabei kann jeder Ausfüllende zu jeder der drei Ideen des Vorgängers eine direkte Weiterentwicklung formulieren. Oder Sie lassen die Ideen einfach auf sich wirken. So entstehen neue Ideen, die indirekt durch die vorangegangenen Ideen inspiriert sind. Wenn ein Teilnehmer bei einem Durchgang nach 5 Minuten noch keine 3 Ideen formuliert hat, wird einfach weitergegangen. Denn es kommen im Verlauf der Anwendung trotzdem noch genügend weitere Ideen. Der Vorgang wird so lange wiederholt, bis alle Teilnehmenden des Brainwritings ihre Gedanken formuliert haben. Gespräche, Diskussionen und ähnliche Äußerungen sollen während des gesamten Prozesses unterbleiben. Die entstandenen Lösungsansätze aller Formulare werden gemeinsam betrachtet und ausgewertet, mögliche Teillösungen auf Kombinierbarkeit überprüft. Bestimmen Sie einen Zeitnehmer, der auf die exakte Einhaltung des jeweiligen Durchgangs achtet.

Zur Weiterentwicklung der Ergebnisse empfiehlt sich das „Formular-Memory“: Kopieren Sie die sechs ausgefüllten Bögen und zerschneiden Sie dann den kompletten Kopiensatz. So haben Sie nach 30 Minuten bis zu 108 Ideenkärtchen, die Sie sortieren, kombinieren und zuordnen können.

Anwendungsbeispiel

Ein Interessenverband von Diabetikern möchte die Wiederverwendungsrate von Injektionsnadeln für Insulin senken. Umfragen haben ergeben, dass die Nadeln von den betroffenen Patienten mehrfach benutzt werden. Darin liegt allerdings ein verstärktes Infektions- und Verletzungsrisiko, da die Nadeln bereits nach einmaligem Gebrauch erheblich verbogen sind. Deswegen soll die Zielgruppe Diabetiker darüber aufgeklärt und zu einer Verhaltensänderung bewegt werden.

Aufgabenstellung:
„Wie können wir Diabetes-Patienten dazu bewegen, ihre Injektionsnadeln nur noch einmalig zu verwenden?"

Ergebnisse des Kreativ-Teams

Idee Schmidt Aktion mit Händlern: „Schicken Sie uns ein Stachelschwein in ... Tagen".	**Idee Schmidt** Plakat-Kampagne: Personen aller Altersstufen in unterschiedlichen Lebenszusammenhängen repräsentieren.	**Idee Schmidt** Print-Kampagne mit Analogien zur Alltagswelt: „Würden Sie Ihr Brot mit diesem rostigen Messer schneiden ...?
Idee Huber Sammelboxen für 1-Weg-Systeme (wie Sammelmarken/Rabattmarken).	**Idee Huber** Plakatkampagne „Es ist schließlich Ihr Körper ...".	**Idee Huber** In Krankenhäusern, Diabeteskliniken, etc. Workshops und Vorträge halten. Selbst mikroskopieren.
Idee Walter Prämien vergeben für das Sammeln von Nadeln.	**Idee Walter** Informations-CD versenden/Packungen beifügen und Video-Demoabend zur Info in Apotheken und Arztpraxen.	**Idee Walter** –
Idee Wegner „Nadel-Lotterie" als Tombola am Info-Tag	**Idee Wegner** CDs als Give-aways versenden, Story im „soap opera"-Format einbrennen.	**Idee Wegner** Preisausschreiben mit Zielfrage: „Wieso nur 1 x?"
Idee Müller Ausstellung „Nadelobjekte" mit Aufklärungsvortrag kombinieren.	**Idee Müller** Aufklärungspersonen einsetzen, z. B. Ärzte.	**Idee Müller** Homepage mit Chat einrichten: www.1x.de
Idee Maier Fühlmobil für Nadelabnutzung: Modell bauen in entsprechender Vergrößerung.	**Idee Maier** „Fliegende Krankenschwester" kommt bei Patienten zu Hause vorbei.	**Idee Maier** Kampagne mit Plakat etc. nur zu sehen: www.1x.de

Abb. 11: 635-Technik (Beispiel)

Empfehlungen
Wirkungsvoll lässt sich diese Technik einsetzen in redefreudigen Gruppen mit dem Hang, alles ausdiskutieren zu wollen. Vielredner können so auf konstruktive Weise „gebändigt" werden. Und redeschüchterne Analytiker werden durch diese Technik ebenfalls in den Assoziationsprozess eingebunden. Die 635-Technik verhindert somit ein Zerreden und Ausufern sowie Killerphrasen in der Phase der Ideen-Findung. Ebenso hilfreich ist die 635-Technik in Gruppen, in denen Spannungen und Konflikte bestehen. Darüber hinaus eignet sich diese Technik, wenn schon in vorangegangenen Meetings viel über mögliche Lösungsansätze nachgedacht, jedoch keine überzeugende Lösung gefunden wurde und stattdessen Endlosdiskussionen über Anspruch und Rahmenbedingungen geführt wurden. In diesem Fall liefert der Einsatz der 635-Technik frische Impulse ohne unnötiges Gerede.

Schwierigkeiten beim kontinuierlichen Fortführen der Gedankenfelder können dann entstehen, wenn Missverständnisse über die in vorhergehenden Feldern notierten Aspekte bestehen, Rückfragen aber nicht möglich sind. So kann es vorkommen, dass Denkprozesse abbrechen oder aber ähnliche Ideen mehrfach auftauchen, da jeder Teilnehmende immer nur den aktuellen Stand der ihm gerade vorliegenden Lösungsansätze kennt. Beim Anwenden der Technik ist zu achten auf gut leserliche Schrift. Denn sonst können Ermüdungserscheinungen auftreten, da das ständige Entziffern unterschiedlichster Handschriften anstrengend sein kann.

Das Besondere an der 635-Technik besteht darin, vielfältige Sichtweisen sofort miteinander durch den Formularaustausch und gemeinsames Ausfüllen der Lösungsfelder zu kombinieren. Jeder wird weitestgehend gleichermaßen aktiviert und an der Entwicklung von Lösungsansätzen beteiligt, wodurch eine mögliche Ablehnung („Das ist ja gar nicht mein Gedanke, da habe ich gar nicht mitgewirkt") frühzeitig eingedämmt wird. Das Ergebnis entsteht simultan als Formularprotokoll. In relativ kurzer Zeit gewinnen Sie viele Lösungsansätze; die strikte Zeitvorgabe regt dabei spontane Gedanken an und erzeugt produktiven Stress.

Gift-und-Gegengift-Technik©

Diese Ideenfindungstechnik haben wir speziell entwickelt, um Denkblockaden und eingefahrene Sichtweisen bei der Bearbeitung von Aufgaben aufzuspüren. So wird es möglich, herauszubekommen, was der Lösung eines hartnäckigen Problems bisher im Wege steht.

„Gift und Gegengift“ basiert auf dem allopathischen Grundsatz (Allopathie = Heilverfahren, das Krankheiten mit entgegengesetzt wirkenden Mitteln zu behandeln versucht). Der allopathische Grundsatz besagt, dass es zu jeder Substanz eine ihr entgegenwirkende gibt. Dieses Prinzip wird hier eingesetzt, um grundsätzlich neue Blickwinkel auf ein bekanntes Problem zu erzeugen. Bei der Gift-und-Gegengift-Technik© wird systematisch „verrückt“ vorgegangen, Sachverhalte werden vollkommen verfremdet und das Problem wird gezielt unter veränderten Voraussetzungen betrachtet.

Zeitbudget
Sie benötigen für die Verfremdungsphase dieser Technik 30 Minuten, für die Umkehrung der Verfremdung sollten Sie 60 Minuten einplanen, da es nun um die Formulierung möglichst konkreter Gegengifte geht. Die Gesamtdauer beträgt somit 90 Minuten.

Personenanzahl
Diese Technik können Sie gut im Team verwenden, bei einer Gruppengröße von 3 bis 8 Personen. Auch im Alleingang können Sie bei einem „Kreativen Rendezvous“ mit sich selbst mit dieser Technik beachtliche Resultate erzielen.

Vorgehensweise
Die zu bearbeitende Aufgabe wird zunächst vorgestellt und dann konsequent in ihr Gegenteil umformuliert. Dabei entstehen ungewohnte, scheinbar destruktive und vollkommen „verrückte“ Fragestellungen. Diese Fragen werden aus dem verfremdeten Blickwinkel bearbeitet, d. h. es werden Ideen gesammelt, die auf die veränderte Perspektive passen. Durch einen solchen Perspektivwechsel erzeugen die Teilnehmenden sozusagen „giftige“ Ideen. Die destruktiven, zerstörerischen, aggressiven und oft auch unsinnigen Ideen werden gesammelt. Danach werden sie nach dem Prinzip „Gegengift neutralisiert das Gift“ wieder umgewan-

delt. Nun stehen genauso viele „entgiftete" Lösungsmöglichkeiten zur Verfügung. So entstehen wirksame Ideen für den „Normalbereich", welche nach der Rückspiegelung konstruktiv, praktikabel und freundlich erscheinen, die den Teilnehmenden aber ohne den Verfremdungseffekt nicht eingefallen wären.

Anwendungsbeispiel
Es sollen Lösungsansätze gefunden werden, wie in einem Unternehmen der Informationsfluss verbessert werden kann. Diese Aufgabenstellung ist für die Beteiligten nicht neu, sie wurde bereits mehrfach diskutiert – jedes Mal ohne konstruktive Ansatzpunkte. Deshalb ist die Gift und Gegengift-Technik© geeignet, um diese eingefahrene Situation unter anderem Blickwinkel wahrnehmen zu können.

Die Aufgabe: „Wie können wir den Informationsfluss in unserer Abteilung verbessern?", wird umformuliert zu „Wie können wir verhindern, dass es in unserer Abteilung zu Informationsfluss kommt?" Das klingt dann so, als wäre Informationsfluss eine ansteckende Krankheit, deren Übertragung unbedingt verhindert werden soll. Nun beinhaltet die Technik, dass diese „ver-rückte" Perspektive auch konsequent eingenommen wird. Es werden ganz ernsthaft Ideen entwickelt, wie dieses ungewöhnliche Ziel zu erreichen sei. Die Ideen sollen dabei radikal, also „richtig giftig" formuliert werden. Nach einer kurzen Phase der Umgewöhnung fließen die Ideen auch, meist mit einer zunehmenden Lust am Unsinn und Spaß an einer neuen Perspektive, die auch als Ventil für Wut und Frust wirken kann. Wenn genügend „ver-rückte" Ideen vorhanden sind, können sie nach einer kurzen Pause ins Gegenteil umformuliert werden. Diese mit „Gegengift" behandelten Gifte sind nun konstruktive Lösungsansätze, die im Alltag der Abteilung durchaus ihre Anwendung finden können.

Empfehlungen
Die Gift-und-Gegengift-Technik© eignet sich für Probleme, die sich verhärtet haben, bei denen eine Portion Distanz fehlt und die schon (fast) aufgegeben wurden. Verknotete Kommunikationsstrukturen und „verrannte" Situationen mit Denkblockaden können mit dieser Technik noch zu neuen Lösungsansätzen entwickelt werden. Weniger geeignet ist diese Technik für schnelle „Allerweltsaufgaben" sowie für Probleme, die unter Zeitdruck gelöst werden sollen.

„Gift"	**„Gegengift"**
„Wie können wir verhindern, dass es in unserer Abteilung zu Informationsfluss kommt?"	*„Wie können wir den Informationsfluss in unserer Abteilung verbessern?"*
A „Wir stellen Leute an den Pranger, die miteinander reden."	A „Wir zeichnen die Leute aus, die sich besonders kommunikativ verhalten."
B „Wir schreiben die Informationen so klein, dass sie niemand ohne Lupe lesen kann."	B „Wir achten darauf, dass Informationen immer deutlich, groß geschrieben und übersichtlich präsentiert werden."
C „Wir verleihen einen betriebsinternen Oscar für die längste Verweildauer einer Akte auf dem Schreibtisch."	C „Wir vergeben eine Auszeichnung für die schnellste Vorgangsbearbeitung."
D „Wenn jemand seinen Arbeitsplatz verlässt, deckt er eine lichtundurchlässige Haube über seinen gesamten Schreibtisch."	D „Wir vereinbaren, dass es eine Regelung gibt, was der Geheimhaltung unterliegt und was nicht und achten darauf, dass aktuelle Projekte betreffende Informationen immer zugänglich sind."
E „Wir schalten um 16 Uhr den Strom ab, damit niemand mehr E-Mals verschicken kann."	E „Wir sorgen dafür, dass Informationen 24 Stunden am Tag fließen können."
F „Wir lassen niemals zwei oder mehr Leute zusammen in die Teeküche."	F „Wir richten eine Sitzecke in der Teeküche ein, um schnellen Informationsaustausch in einer Pause zu fördern."
G „Wir hängen schwarze Vorhänge an die Außenfenster."	G „Wir bemühen uns um Transparenz."
H „Wir arbeiten rund um die Uhr im Schichtdienst, weil wir uns doch sowieso nicht alle persönlich sehen brauchen."	H „Wir definieren eine Informationskernzeit, zu der alle da sein sollen, um bei Rückfragen direkt antworten zu können."
I „Wir flüstern nur noch."	I „Wir achten auf angemessene Lautstärke und deutliche Formulierungen."

Abb. 12: Gift-und-Gegengift-Technik© (Beispiel)

Durch den Gift-Effekt entsteht ein wirksamer Abstand. Dabei treten die Denkblockaden und die eingefahrenen Sichtweisen zutage, die Lösungsansätze auf der „Normalebene“ blockiert haben. Das zu lösende Problem wird von verschiedenen Seiten beleuchtet, dadurch erwachsen neue Lösungsmöglichkeiten. Der Nutzen liegt in der Diagnose dessen, was der Lösung des Problems im Weg steht. Wir empfehlen, diese Technik mit Gruppen zu verwenden, die möglichst miteinander vertraut sind und die für eine spielerische Herangehensweise motivierbar sind. Die „verrückte“ Fragestellung kann amüsieren und das Schwelgen in „giftigen“ Ideen kann als Phantasiereise für eine Gruppe mit gewissem Frustrationspegel durchaus ein gruppendynamischer Profit sein.

Impulsfragen nach der Osborn-Checkliste

Diese Checkliste wurde vom Werbefachmann Alexander F. Osborn als Verfahren der Ideensuche entwickelt. Dabei hat er untersucht, durch welche Vorgehensweisen Innovationen gelungen sind bzw. auf welche Weise neue Lösungen geschaffen werden konnten. Die Ergebnisse dieser Untersuchung hat er stark abstrahiert, auf einen Nenner gebracht und in einer Empfehlungsliste formuliert. Insofern stellen die Fragen der Checkliste ein Kaleidoskop der Innovationsimpulse dar. Die impulsgebenden Fragen vermitteln einen blitzartigen mehrfachen Perspektivwechsel, bieten greifbare Ansatzpunkte für die Ideen-Findung an, bündeln den Gedankenfluss und verbinden assoziative Elemente des klassischen Brainstormings mit zielgerichtetem Vorgehen.

Die Liste beruht auf einer gedanklichen Behandlung der Aufgabe oder des Problems nach den folgenden Aspekten:

- Anders nutzen
- Anpassen
- Verändern
- Vergrößern
- Verkleinern
- Austauschen
- Neu anordnen
- Umkehren
- Übertragen

Zeitbudget
Sie benötigen für einen Durchlauf dieser Technik 40 Minuten. Für das Konzipieren von aus den Einzelideen bestehenden Kombinationen sollten Sie 20 Minuten einplanen. Die Gesamtdauer beträgt somit 60 Minuten.

Personenanzahl
Die Osborn-Checkliste dient als kreativer Leitfaden beim Entwerfen von Lösungsansätzen, was Teamarbeit voraussetzt. Sie eignet sich bis zu einer Gruppengröße von 12 Personen, effektiver ist sie in Gruppen von 4 bis maximal 8 Personen, da sich eher stille Teammitglieder in Gruppen ab 8 Personen bereits verstärkt zurücknehmen.

Allein empfiehlt sich die Verwendung der Checkliste dann, wenn die Vorgehensweise bereits in der Gruppe trainiert wurde und die Möglichkeiten der einzelnen Impulsfragen schon bekannt sind. Empfehlenswert ist es, wenn Sie sich eine Kurzform der Osborn-Checkliste auf Ihren Schreibtisch legen. Damit holen Sie sich bei verschiedenen alltäglichen Aufgaben und Problemen nützliche Impulse.

Vorgehensweise
Hängen Sie die bereits in Phase II der Wachstumspirale© definierte Aufgabenstellung für alle Teilnehmenden sichtbar im Raum auf, z. B. groß auf ein Flipchart geschrieben. Die Teilnehmer äußern ihre durch die in der Liste angeführten Impulsfragen (siehe S. 99 f.) inspirierten Gedanken. Durch die Fragen wird ein mehrfacher Perspektivwechsel ausgelöst. Die daraus entwickelten Ideen werden für jeden sichtbar festgehalten und bilden somit ein „Ideenbuffet", dessen Bestandteile untereinander kombinierbar sind.

Die Ausgangslage zur Anwendung der Osborn-Checkliste ist zunächst ein greifbarer Zustand, ein tatsächlicher Gegenstand, ein gegebener Sachverhalt oder ein bestehendes Angebot. Diese Grundsituation soll ganz bewusst als suboptimal angesetzt werden, um zu einer Veränderung herauszufordern. Die vorhandene Situation wird als Einstieg benutzt und dann systematisch verändert. Die Impulsfragen ermöglichen ein Nachdenken, was mit dem Gegenstand bzw. dem Sachverhalt geschieht. Wie verändert er sich, wenn er z. B. der Behandlung „Anders nutzen" unterzogen wird? Die Impulsfragen werden durchlaufend beantwortet, wobei sie zunächst wirklich wörtlich genommen werden, dann aber immer freier oder in einem sehr übertragenen und zuletzt grenzenlosen Sinne interpretiert werden. Beispielsweise wird die Impulsfrage „Vergrößern" zunächst im nahe liegenden Sinn durch das Vergrößern von Länge, Breite und Höhe vorgenommen, darüber hinaus dann in einem übertragenen Sinn beispielsweise durch die Erhöhung der Frequenz, die Steigerung der Kundenzufriedenheit, die Vergrößerung der Reichweite usw.

Impulsfragen nach der Osborn-Checkliste

Anders nutzen
Was geschieht, wenn es anders verwendet wird?
Welche zusätzlichen Gebrauchsmöglichkeiten gibt es?
Wie lässt es sich für andere Zwecke einsetzen?
Für welche anderen Zielgruppen ist es einsetzbar?

Anpassen
Was gibt es Ähnliches?
Welche Parallelbeispiele oder Musterfälle gibt es?
Was kann von diesen übernommen werden?
Was kann davon kopiert werden?
Wem kann man nacheifern?
Was kann man zum Vorbild nehmen?
Welche Erlebniswelten sind übertragbar?
Welche Orte gibt es, wo man sich wohl fühlt?

Verändern
Was geschieht, wenn es verändert wird bezüglich der Farbe?
Wie kann das Material verändert werden?
Welche andere Form ist möglich?
Wie kann der Klang verändert werden?
Wie ist der Geruch veränderbar?
Welcher andere Geschmack ist möglich?
Was passiert, wenn es eine andere Bedeutung bekommt?
Welche weiteren Veränderungen sind möglich?

Vergrößern
Was geschieht, wenn es vergrößert wird hinsichtlich Länge, Breite, Höhe?
Was passiert, wenn es dicker, stärker, einflussreicher wird?
Was geschieht, wenn der Wert, die Zeitdauer, die Häufigkeit oder Geschwindigkeit vergrößert werden?
Welche weitere Zutat kann hinzugefügt werden?
Was geschieht, wenn es übertrieben, multipliziert, vervielfältigt, zusammenfügt wird?
Wie kann mehr Service, mehr Aufmerksamkeit, mehr Kundenorientierung erreicht werden?

Verkleinern
Was geschieht, wenn es verkleinert wird, z. B. niedriger, dünner, kürzer?
Was ist daran entbehrlich?
Was passiert, wenn etwas weglassen wird?
Was kann man dabei untertreiben?
Was geschieht, wenn es heller oder leichter gemacht wird?
Was passiert, wenn es aufgeteilt, zerschnitten oder in Einzelteile zerlegt wird?
Wenn es als Miniaturausführung gemacht wird?

Austauschen
Was geschieht, wenn etwas daran ausgetauscht wird?
Womit könnte es ersetzt werden?
Welchen anderen Prozess gibt es?
Welche neuen Bedingungen sind denkbar?
Welche neuen Energiequellen gibt es?
Welche andere Tonlage ist möglich?
Welche Elemente aus anderen Ländern kann man beim Austausch verwenden?
Welche Elemente aus anderen Zeiten sind einsetzbar?
Welche Personen sind austauschbar?
Welcher andere Standort ist möglich?

Neu anordnen
Was geschieht, wenn dafür eine andere Struktur verwendet wird?
Was geschieht, wenn einzelne Komponenten neu angeordnet werden?
Welche andere Reihenfolge ist möglich?
Was geschieht, wenn Ursache und Wirkung vertauscht werden?

Umkehren
Was geschieht, wenn es ins Gegenteil verkehrt wird?
Wenn rückwärts statt vorwärts, negativ statt positiv, oben statt unten angestrebt wird?
Wenn ein Rollentausch passiert?
Wenn der Feind zum Freund wird?
Was geschieht, wenn man in die Schuhe eines anderen schlüpft?
Wenn es gespiegelt wird, um 180 Grad gedreht wird?
Wenn es gegen den Uhrzeigersinn läuft, in die Vergangenheit übertragen wird?

Übertragen
Was geschieht, wenn es vollkommen umgewandelt wird?
Wie lässt es sich in eine andere Realität transportieren?
Was passiert, wenn es von der zweiten in die dritte Dimension wechselt, oder umgekehrt?
Was passiert, wenn es durchsichtig wird?
In welchen anderen Aggregatzustand ist es überführbar, z. B. flüssig, gasförmig, tiefgefroren?
Was geschieht, wenn es ins Unendliche gedehnt wird?

Anwendungsbeispiel
Ein Versicherungsunternehmen hat durch Umfragen ermittelt, dass die bestehende Mitarbeiterzeitung als uninteressant empfunden und kaum gelesen wird. Dies ergibt die Aufgabenformulierung: „Wie können wir die Mitarbeiterzeitung interessanter gestalten?"

Bearbeitung mit den Impulsfragen nach der Osborn-Checkliste: Zunächst erfolgt als gedanklicher Schritt die Herstellung eines suboptimalen Ausgangszustandes unabhängig vom tatsächlichen Zustand. Es wird angenommen, dass die bestehende Mitarbeiterzeitung wie folgt beschaffen sei:

- Format DIN A 6
- Umfang 8 Seiten
- Farbe schwarz/weiß
- Erscheinungsweise 1 mal jährlich

Diese äußerst unattraktive Lösung motiviert direkt zum Verändern, und dieses Verändern läuft ab in neun Runden, jeweils durch eine der Impulsfragen. Die Formulierung „es" bezieht sich dabei auf diesen suboptimalen Ausgangszustand.

Anders nutzen
als Aktie verwendbar, mit Heiratsvermittlungs-Service, als Fortsetzungsroman, als Platzdeckchen in der Kantine, als Kalender nutzbar

Anpassen
Zeitung speziell für Frauen, Zeitung speziell für Männer, gute Lesbarkeit von Boulevardblättern übernehmen, inhaltlichen Anspruch von Sachbüchern übernehmen, an das prägnante Fachzeitschriften-Layout anpassen

Verändern
Sprachstil vereinheitlichen, von Schwarzweiß auf Farbdruck, besser zu bedruckendes Papier, Zeitung parfümieren, mehr Fotos

Vergrößern
als Poster herausbringen, Zeitung als gefaltetes Leporello, Erscheinungsfrequenz erhöhen, mehrsprachige Zeitung, Aktualität erhöhen

Verkleinern
Werbungsanteil verkleinern, Druckfehlerquote verringern, Kosten verringern, als Daumenkino herausbringen, nur noch Überschriften

Austauschen
Nostalgiezeitung wie vor 100 Jahren, Zeitung wird in allen Abteilungen vorgelesen, Zeitung auf Holzstab wickeln wie im alten Ägypten, die Mitglieder der freiwilligen Redaktion austauschen, Fühlbilder statt geschriebenem Text

Neu anordnen
Zeitung persönlich ausliefern, Reihenfolge der Artikel verändern, Auslieferung umstellen, Zeitung verstecken, Zeitung nur gegen Gutschein herausgeben

Umkehren
Titelblatt hinten, von Sie-Ansprache auf Du-Ansprache wechseln, Zusammenschluss mit der Zeitung der Konkurrenz, die Auszubildenden übernehmen die Redaktion, wer die Zeitung abholt, bekommt eine Prämie

Übertragen
Zeitung im Intranet, Zeitungsartikel auf T-Shirt, Zeitung auf Mikrochip, Zeitung als Hör-CD, Zeitung auf Luftballons

Die einzelnen Ideen der Hauptaspekte werden daraufhin zu möglichen Gesamtlösungen verknüpft.

Beispiel für eine Kombination aus dem entstandenen Ideenbuffet:

- Mitarbeiterzeitung im Format DIN A 5
- als kompaktes und leicht mitzunehmendes Leporello
- mit Kurzinformationen in den häufigsten Sprachen der Mitarbeiterinnen und Mitarbeiter
- vergrößerte Überschriften von Boulevardblättern übernommen
- mit Vermittlungsservice für Wochenendausflüge
- mit einer Rubrik „Heute vor zehn Jahren" als Fortsetzungsroman

Empfehlungen
Diese Impulsfragen nach der Osborn-Checkliste vergegenwärtigen das Prinzip der *Kreativen Unzufriedenheit* sehr deutlich. Zunächst wirken die Fragen relativ abstrakt, ihr Potenzial entfaltet sich erst beim tatsächlichen Anwenden. Daher sind Interpretation und Hilfestellung durch erfahrene Moderation beim Einstieg notwendig, insbesondere da die Technik auf bildhafte Darstellungen verzichtet und der jeweilige Perspektivwechsel ausschließlich in der Phantasie der Teilnehmer stattfindet. Oft zeigt sich in der Praxis, dass manche Impulsfragen als überlappend empfunden werden, bzw. dass die Zuordnung in Kategorien Schwierigkeiten bereitet. In diesem Falle ist unsere Empfehlung, die als doppelt empfundenen Aspekte einfach auszuklammern oder einen Aspekt zu übergehen. Es ist zu tolerieren, wenn die Grenzen zwischen den einzelnen Aspekten verschwimmen. Die Impulsfragen nach der Osborn-Checkliste vermitteln auch unter dieser Voraussetzung noch eine enorme Fülle von wertvollen Ideen.

Die Qualität der Osborn-Checkliste liegt im inhaltlich tief schürfenden und dabei systematischen Recherchieren der zu behandelnden Aufgabe. Die lenkenden Impulsfragen stellen sicher, dass die allgemeine „kreative Begeisterung" sich nicht nur auf einige Aspekte konzentriert und dabei wichtige andere außer Acht lässt. Wie ein roter Faden führt diese Technik durch das Labyrinth der unzähligen Aspekte und vermittelt dabei neue Blickwinkel und bisher nicht wahrgenommene Möglichkeiten und Chancen.

Morphologischer Kasten

Der Astrophysiker Fritz Zwicky entwickelte dieses bekannte Basisinstrument. Der griechische Wortstamm „morph“ bedeutet Gestalt. Auf die Ideen-Findung übertragen, bedeutet Morphologie die Lehre vom geordneten Denken und vom Analysieren, also von Aufbau- und Ordnungsprinzipien. Der Morphologische Kasten zerlegt jedes Problem in einzelne „Funktionselemente“ oder „Merkmale“. Diesen Merkmalen werden dann in der horizontalen Spalte verschiedene denkbare Ausprägungen, d. h. „bekannte und mögliche Lösungen“ zugeordnet. Durch Verknüpfen der verschiedenen Ausprägungen entsteht auf eine systematische Art und Weise eine Vielzahl von Alternativen und Neukombinationen – ein „gut gegliedertes Ideenbuffet“.

Zeitbudget
Für das Erstellen des Morphologischen Kastens benötigen Sie 45 bis 60 Minuten, für die Kombinationen der Lösungsansätze sollten Sie 30 Minuten ansetzen. Die Gesamtdauer beträgt somit 75 bis 90 Minuten.

Personenanzahl
Der Morphologische Kasten lässt sich mit 4 bis 8 Personen anwenden. Wenn Sie über tiefer gehendes Know-how zur Lösung der Aufgabenstellung verfügen, können Sie den Morphologischen Kasten durchaus auch allein konzipieren. Vielschichtiger und meistens auch facettenreicher ist das Erstellen des Kastens im Team. Besonders geeignet ist der Einsatz dieser Technik in einem interdisziplinären Team.

Vorgehensweise
Stellen Sie fest, welches die wichtigsten Funktionselemente bzw. Merkmale sind. Diese sollten zusammengestellt sein nach den Kriterien logische Unabhängigkeit voneinander, allgemeine Gültigkeit, Relevanz für die zu lösende Aufgabe.

Schreiben Sie die Merkmale senkrecht untereinander. Definieren Sie nun zu jedem Merkmal mögliche Ausprägungen (Erscheinungsformen und Varianten) und ordnen Sie sie den Merkmalen in einem Raster waagerecht zu. Zur Verknüpfung einzelner Bausteine verbinden Sie dann die Felder im Raster und formulieren auf diese Weise die so gefundenen Lösungsalternativen.

Anwendungsbeispiel
Für einen Versandhandel mit umweltfreundlichen Produkten soll für eine Aktion eine Geschenkverpackung mit essbaren Gummifiguren (origineller als Gummibären) entwickelt werden.

Aufgabe: „Welche Möglichkeiten für essbare Gummifiguren und ihre Verpackung gibt es?"

Ergebnisse des Kreativ-Teams:

Merkmale	Ausprägungen				
Form der Figuren	Tiere aus heißen Ländern: Löwe, Giraffe, Elefant	Tiere aus kalten Ländern: Eisbär, Pinguin, Seelöwe	Buchstaben	Werkzeuge: Hammer, Zange	Pflanzen: Blüten, Bl Dornen
Größe der Figuren	maximal 6 cm	alle 1 cm	ganz unterschiedliche Größen	alle 4 cm	alle 2 cm
Farbe der Figuren	uni bunt	transparent	gestreift	gepunktet	Verlauf vc 2 Farben
Geschmack der Figuren	süß exotisch	süß-sauer	wie Eiskonfekt	nach Pfefferminz	bitter
Oberfläche der Figuren	fest wie Lakritze	weich wie Pudding	klebrig	„labbrig"	rau strukt
Geräusche beim Kauen	Knistern	Krachen	Knatschen	Schmatzen	Schnalzer
Erlebnis beim Reinbeißen in die Figur	flüssige Füllung	Prickeln wie Brausepulver	Biss ins Leere	Feste Füllung	Splittern v Blätterkrc
Geruch der Figuren	zitronig frisch	schokoladig	weihnachtlich nach Zimt	obstig	süß
Beimischung der Figuren	Süßstoff (zuckerfrei)	Agar Agar (gelatinefrei)	vollkommen beimischungsfrei	Vitamine	Koffein
Außenverpackung für die Figuren	Pappbox	Metallschachtel	Pop-up-Box	Pralinenschachtel	Käfigschachtel mit Gitter
Anzahl der Figuren pro Verpackung	1	100	12	6	24

Abb. 13: Morphologischer Kasten (Beispiel)

Daraus ergeben sich als Verknüpfung einzelner Bausteine die folgenden Lösungsalternativen:

- Eisbär, 6 cm groß, zweifarbig in weiß und gelb, Geschmack nach Zitrone, als Unikat in Schachtel aus Metall
- Fledermaus, 2 cm,ein farbig schwarz, labbrig, koffeinhaltig, damit sie nachts wach bleibt, Schachtel in Höhlenform
- Stoßzahn eines Elefanten zum Aufstellen auf Schreibtisch, 6 cm hoch, weiß/gelb, feste knackige Beschaffenheit, mit Calciumzusatz
- Gruppe von Affen in Gitterbox, verschiedene Größen, jeweils Jungtiere und Alttiere, verschiedene Körperhaltungen, verschiedene Geschmacksrichtungen, verschiedene Farben
- Löwe, 5 cm, weichfeste Konsistenz, Geschmack nach Zitrone, Beimengung von Vitaminen, verpackt in Metallschachtel mit Gitter
- „Kalender“ mit 12 Gummitieren, jeweils 2 cm groß, farbstofffrei, verschiedene Geschmacksrichtungen, knisterndes Geräusch
- Pinguine mit Geschmack nach Eiskonfekt und Minze in Pralinenschachtel, pur und zuckerfrei
- Buchstabensuppe aus Gummibuchstaben, die Buchstaben können bestimmte Worte ergeben, z. B. Name des Versandhandels, der Stadt, oder „UAHHHH“, Biss mit Flüssigkeit, an der Suppenschachtel ist eine Angel befestigt zum Herausfischen der Buchstaben
- 12 Pinguine, die „knatschen“ in 2 Farben weiß/blau, 2 cm groß, exotischer Geschmack
- 5 Löwen, die knistern, mit bitterem Geschmack, feste Oberfläche, in Käfigschachtel, Beimengung von Koffein,
- 20 Figuren in Form von Pflanzenblättern, die knacken, einfarbig knallbunt, bitterer Geschmack, zuckerfrei , bissfest

Empfehlungen

Der Morphologische Kasten stellt ein solides Werkzeug zur Ideenfindung und Ideenverdichtung dar. Die Technik setzt allerdings fundiertes Fachwissen voraus, um die Merkmale und ihre jeweiligen Ausprägungen gemäß dem empfohlenen Kriterienkatalog herauszufiltern.

Durch die stark strukturierende Vorgehensweise vermittelt der morphologische Kasten Sicherheit und kommt insbesondere Analytikern und Angehörigen technischer Berufe entgegen. Gerade hierin kann sich allerdings ein Kreativitätsvampir verbergen: Wissenschaftlicher Perfektionismus und Expertenwissen können das Loslösen von eher konventionellen Problemlösestrategien verhindern.

Die hohe Übersichtlichkeit und parallel entstehende Protokollierung der Ideenfindung stellen Vorteile der – zugegebenermaßen anspruchsvollen – Technik dar. Aufgrund der strikt einzuhaltenden kausalen und technologischen Unabhängigkeiten der Parameter ist diese Technik nur bei klar abgegrenzten Problemstellungen von geringer Komplexität empfehlenswert. Es gilt: Je konkreter das Problem definiert ist, umso wirkungsvoller lässt sich der Morphologische Kasten einsetzen.

Belebtes-Bühnen-Bild-Technik©

Diese Technik haben wir entwickelt, um Erlebniswelten überzeugend und mit nachhaltiger Wirkung zu gestalten. Es besteht zunehmend der Bedarf nach einer Vorgehensweise, die für die Konzeption von Veranstaltungen eine sinnesbezogene Erlebnisqualität ermöglicht.

Die Belebtes-Bühnen-Bild-Technik© arbeitet nach dem Prinzip der Verfremdung. Verfremdung ermöglicht es, in andere gedankliche Welten zu gelangen. Denn genau dies ist hilfreich, wenn man außergewöhnliche Lösungsansätze sucht. Das gelingt bei dieser Technik besonders wirksam durch den Einsatz der Funktionsanalyse. Dieses Verfahren wird üblicherweise in der technischen Produktentwicklung eingesetzt und erhält hier ein neues Wirkungsfeld. Mittels der Funktionsanalyse lassen sich Erlebniswelten finden, die sehr weit entfernt sind von dem tatsächlichen Anlass. Eine solch gründliche Verfremdung stellt eine genügend starke Provokation dar, um die gewohnten Denkwege verlassen zu können. Die so gefundenen Erlebniswelten werden gedanklich wie ein Bühnenbild ausgestaltet. Das Besondere besteht darin, dass Veranstaltungen oder Erlebnisräume nicht nur über den rein visuellen Kanal geplant werden, wie sonst üblich (Architekturzeichnungen, Power-Point-Präsentationen, Imagebroschüren, Flyer), sondern dass die anderen vier Sinne ebenfalls gezielt angesprochen werden. Die Erlebnisqualität wird also sichtbar, hörbar, riechbar, schmeckbar und greifbar. Denn die innovativste Veranstaltung verliert, wenn es geruchsbezogene Irritationen gibt oder wenn ein Geräuschteppich ablenkt.

Durch das alle Sinne fordernde und fördernde Beleben eines Bühnenbildes lassen sich nachvollziehbare und überzeugende Erlebniswelten erdenken. Die Teilnehmenden an der Ideen-Findung werden so zur Regisseurin oder zum Regisseur und übernehmen dadurch auch die gedankliche Verantwortung für die gesamte Atmosphäre.

Zeitbudget
Für das Konzipieren der Bühnen-Bilder werden 30 Minuten benötigt, für die Ausarbeitung der einzelnen Lösungsansätze nochmals 60 Minuten. Die Gesamtdauer beträgt somit 90 Minuten.

Personenanzahl
Die Technik kann effektiv in Gruppen von 3 bis 6 Personen pro Team eingesetzt werden. Sie eignet sich allerdings genauso gut für Einzelarbeit.

Vorgehensweise
Nachdem die Aufgabe mit allen Beteiligten klar definiert ist, werden zu der Fragestellung ca. 4 bis 8 gedankliche Bühnen-Bilder unterschiedlicher Ausrichtung konzipiert. Die Technik wird wie folgt angewendet:

1. Schritt: Funktionsanalyse des Erlebnisraumes mit Definition von Bühnen-Bildern
2. Schritt: Erarbeiten der Wirkkomponenten eines Erlebnisraumes
3. Schritt: „Einrichten" der Erlebniswelten durch sinnesbezogene Schlüsselfragen

Anwendungsbeispiel
Für eine Studie zum Büro der Zukunft sollen visionäre Ansätze der Arbeitsplatzgestaltung gefunden werden.

Aufgabenstellung: „Welche Alternativen zum Großraumbüro sind vorstellbar?"

1. Schritt: Funktionsanalyse des Erlebnisraumes mit Definition von „Bühnen-Bildern"
Die einzelnen Bühnen-Bilder werden abgeleitet mittels einer Funktionsanalyse. Dabei wird die Frage gestellt, welche wesentlichen Aufgaben ein Büro erfüllen sollte bzw. welche Aspekte insgesamt ein Büro ausmachen. Durch diese Reduktion auf das Wesentliche an einem Büro erhält man das Thema für mögliche Bühnen-Bilder.

Welche Funktionen erfüllt ein Büro?

- Es lässt Informationen und Serviceleistungen wachsen (ergibt das Bühnen-Bild „Garten")
- Es bietet Schutz vor Witterung (ergibt das Bühnen-Bild „Höhle")
- Es ermöglicht das Aufbewahren von Geheimnissen (ergibt das Bühnen-Bild „Tresor")
- Es begünstigt den Austausch von Informationen (ergibt das Bühnen-Bild „Marktplatz")
- Es ermöglicht das Reifen von Konzepten (ergibt das Bühnen-Bild „Weinkeller")
- Es archiviert Wissen (ergibt das Bühnen-Bild „Museum")

2. Schritt: Erarbeiten der Wirkkomponenten eines Erlebnisraumes
Dann werden die Wirkkomponenten erarbeitet, die das Wesen des Erlebnisraumes „Büro" ausmachen. Als ausschlaggebende Größen werden definiert:

- Raumbeschaffenheit (Länge, Breite, Höhe)
- Lichteinfall, Beleuchtung
- Raumausstattung, Objekte, Farben und Materialien
- Fühlerlebnisse
- Geruch
- Lebewesen
- Menschen, Umgangsformen
- Geschmack, Bewirtung
- Zugang, Ausgang
- Einbindung in Gesamtkomplex des Gebäudes

3. Schritt: „Einrichten" der Erlebniswelten durch sinnesbezogene Schlüsselfragen
Beim Beleben dieser Bühnen-Bilder werden die Teilnehmenden zur Regisseurin oder zum Regisseur. Damit bauen sie diese imaginären Szenarien auf und aus. Das bedeutet, sie führen sich diese Erlebniswelt so echt und farbig wie möglich „vor Augen" und sie beziehen über den visuellen Kanal hinaus auch die anderen Sinne mit ein. Jedes Bühnenbild wird detailliert beschrieben inklusive der Geräusche bzw. Musik, des Geruchs, des Geschmacks der Speisen und Getränke und der Beschaffenheit der Oberfläche bzw. anderer Fühlerlebnisse. Auch weitere Größen wie die Menschen im Bild, Eigenschaften und Vorlieben werden phantasiert und protokolliert. Als Leitfaden dafür dienen die im zweiten Schritt erarbeiteten Wirkkomponenten des Erlebnisraumes.

Anwendungsbeispiel für „Bühnen-Bild Garten":

Raumbeschaffenheit (Länge, Breite, Höhe)
weitläufiger großer Raum, große Raumhöhe, in transparentem Glas

Lichteinfall, Beleuchtung
Tageslichteinfall von oben, wanderndes Oberlicht, dem Sonnenverlauf folgend

Raumausstattung, Objekte, Materialien und Farben
frisches, buntes Mobiliar, wie Gartenmöbel
Möbel wie Inseln verstreut
einzelne Arbeitsbereiche wie Beete im Garten, aber ohne Zaun
Materialien Holz, glatter Kunststoff
fröhliche Farben
Ruhezonen mit Gartenbank, von Moos umgeben

Fühlerlebnisse
vielfältige Eindrücke, raue Gartenbank, glatte Schreibtische
Die einzelnen Zonen sind unterschiedlich warm (individuell regelbar)
Frischluftzufuhr, kühle Brise

Geruch
frühlingsfrisch, nach gemähtem Gras
Blumenduft

Lebewesen
Viele Pflanzen sorgen für Sauerstoff
Einzelne Partien sind mit Moos und Rasen ausgelegt
Haustiere können mitgebracht werden (Hunde, Mäuse, Vögel)
Kuscheltiere wie Teddys und Dinos sitzen auf und neben dem Computer

Menschen/Umgangsformen
Alle fühlen sich als Gärtner im Garten, sie pflegen ihr Büro
Alle Gärtner sind gleichberechtigt, haben aber spezielle „Pflegegebiete"
Alle Gäste sind im Garten willkommen
Von Zeit zu Zeit kommen „Touristen" und machen eine Tour durch den Garten

Geschmack/Bewirtung
Überall Schalen mit frischem Obst
Quellen, Wassertankstellen
In der Ruhezone ist der Picknickplatz
Grillplatz

Zugang/Ausgang
Gartenzaun um den Garten (innen – außen) mit prächtigem Tor
Zugang über eine Brücke, die einen Bach überquert

Einbindung in Gesamtkomplex des Gebäudes
Der Garten ist im obersten Stockwerk nahe am Tageslicht
Das „Gartenbüro" ist der Stolz der Firma

Anwendungsbeispiel für „Bühnen-Bild Höhle":

Raumbeschaffenheit (Länge, Breite, Höhe)
klein, niedrig, abgeschlossen

Lichteinfall, Beleuchtung
Licht über die gesamte Deckenfläche, kein Tageslicht,
kleines Oberlicht am Höhleneingang

Raumausstattung, Objekte, Materialien und Farben
erdig warme Farben
Möbel sind „in die Wand gehauen", nichts steht frei
Wände, Decke und Fußboden sind mit dem gleichen weichen Material überzogen
In der Wand ist ein Computerterminal mit großem Bildschirm

Fühlerlebnisse
Die Wände und der Boden fühlen sich weich und samtig an
Die Höhlen sind warm
Die Benutzer können ohne Schuhe herumlaufen

Geruch
nach Gewürzen wie Ingwer, Zimt
Frischluftzufuhr und Pfefferminz

Lebewesen
als Topfpflanzen spezielle höhlentaugliche Moose und Farne
Ein elektronischer Grottenolm kommt in unregelmäßigen Abständen vorbei
An der Decke sind Licht speichernde „Bakterien" angesiedelt

Menschen/Umgangsformen
Jeder Mensch hat seine eigene Höhle und kann ganz konzentriert arbeiten
Kurze Besprechungen finden statt per Intranet, E-Mail und am Bildschirm
Besucher aus anderen Höhlen melden sich per Terminal an und verabreden sich mit dem Höhlen-User im Besprechungsraum
Es gilt: „My Cave is my Castle."

Geschmack/Bewirtung
An einem kleinen Terminal kann der Höhlen-User Getränke bekommen (Wasser und warme Getränke)
Gegessen wird außerhalb des Büros im Höhlencasino

Zugang/Ausgang
Jede Höhle hat nur einen Zugang, der auch der Ausgang ist

Einbindung in Gesamtkomplex des Gebäudes
mehrere Höhlen gut isoliert nebeneinander, dazwischen Besprechungsräume,
Frischzellen, Ruhezone außerhalb,
Höhlencasino

Beide sehr unterschiedlichen Belebten Bühnen-Bilder zeigen bereits verwertbare Motive für die zukünftige Alternative zum Großraumbüro.

Empfehlungen
Diese Technik eignet sich hervorragend zur Konzeption und Entwicklung von Erlebniswelten, speziell für Aufgaben, die sich mit tatsächlichen Räumen bzw. Gebäuden oder Events beschäftigen wie z. B. Tag der offenen Tür, Messestand, Sommerfest.

Das Besondere an der Technik ist die positive Vernetzung von Sprache und sinnesbezogener Vorstellungskraft. Auf diese Weise werden Lösungen produziert, die nicht wie sonst üblich, nur den visuellen Kanal ansprechen. Die mit dieser Technik formulierten Szenarien geben wertvolle Hinweise, wie sich eine Veranstaltung zu einem multisensuellen Erlebnis ausbauen lässt. Durch die vorgeschaltete Funktionsanalyse mit starkem Verfremdungseffekt wird verhindert, dass die Szenarien nur die bereits bekannten und oft verwendeten Themen wiederholen. Die Belebtes-Bühnen-Bild-Technik© aktiviert bei der Anwendung zahlreiche Aha-Erlebnisse bezüglich alltäglicher Selbstverständlichkeiten und begeistert durch die Möglichkeit, alle Sinne miteinzubeziehen. Als anspruchsvolles Verfahren der Ideensuche stimuliert sie in hohem Maße kreatives Potenzial und vermittelt neue, überraschende und dabei auch praxisorientierte Lösungen. Allerdings ist für das Definieren der Erlebniswelten mittels der Funktionsanalyse ein hohes Abstraktionsvermögen gefragt; hierzu empfiehlt sich eine erfahrene und methodensichere Moderation.

Reizwortanalyse

Die Reizwortanalyse gehört zu den synektischen Ideenfindungstechniken. Synektik leitet sich aus dem Griechischen ab und bedeutet „scheinbar Zusammenhangloses in Verbindung bringen“. Synektik folgt dabei zwei Grundregeln:

- Fremdes vertraut machen,
- Vertrautes verfremden.

Die Klassische Synektik wurde von dem Forscher William J. Gordon als Ideenfindungstechnik entwickelt. Mit der Synektik gelingt es eindrucksvoll, eingeschliffene Denkmuster zu verlassen. Gewohnte Pfade werden durch bewusste Inspiration erweitert, dies unterstützt der divergente

Denkstil. Durch den Einsatz von synektischen Techniken werden gedankliche Sprünge vollzogen, um möglichst vielfältige Perspektiven als Startposition mit einzubeziehen. Problemstellungen werden unter systematisch planvollem Einsatz unkonventioneller oder scheinbar (!) unlogischer Techniken gelöst. Bekannt ist diese Vorgehensweise mittlerweile in vielen Bereichen der Produktentwicklung sowie in der Forschung. Als Unterformen existieren z. B. die Bildhafte Synektik, die Bionik und die Reizwortanalyse. Die hier vorgestellte Reizwortanalyse wurde von den Unternehmensberatern Horst Geschka, Götz Schaude und Helmut Schlicksupp entwickelt. Diese Ideenfindungstechnik verwendet problemfremde Wortassoziationen, die durch zufällig ausgewählte Reizworte entstehen.

Zeitbudget
Sie benötigen für die Assoziationen zu 3 Reizworten 15 Minuten. Für die differenzierte Wortanalyse sollten Sie 30 Minuten ansetzen, für den Transfer auf die Problemstellung nochmals 30 Minuten. Die Gesamtdauer beträgt somit 75 Minuten.

Personenzahl
Die Technik ist effektiver im Team, da so Assoziationsketten durch Gedanken anderer Teilnehmerinnen und Teilnehmer neue Impulse bekommen und der Prozess schneller abläuft. Dennoch ist sie allein ebenfalls erfolgreich anwendbar.

Vorgehensweise
Die Anwendung der Technik erfolgt in drei Schritten:
1. Schritt: Finden von Reizwörtern und freie Assoziationen dazu
2. Schritt: Differenzierte Wortanalyse der Assoziationen
3. Schritt: Rücktransfer auf die Ausgangsfragestellung

Zum Finden der Reizworte benötigen Sie ein Lexikon, Wörterbuch oder ein anderes Wortverzeichnis als Zufallsgenerator. Im Team (maximal 12 Teilnehmende) oder allein wählen Sie bis zu 5 Wörter aus. Sie finden die Wörter, indem Sie z. B. Seitenzahlen benennen, auf denen Sie dann das erste Hauptwort auswählen, das Ihnen spontan in den Blick fällt. Das auf diese Art erhaltene Reizwort soll für alle Teilnehmenden gut sichtbar sein. Lassen Sie Ihren Assoziationen pro Wort ca. 5 Minuten freien Lauf. Wichtig sind die spontanen Gedanken, die beim flüchtigen Lesen der

Worte auftauchen. Dabei können Sie die Begriffe nach Prinzipien, Merkmalen, Strukturen, Gestaltausprägungen und Unterelementen untersuchen.

Richtungsweisende Fragen sind dabei:

- Prinzipien (Welche Funktionen erfüllt es?)
- Merkmale (Was macht das Besondere daran aus?)
- Strukturen (Wie ist es aufgebaut?)
- Gestaltausprägungen (Wie sieht es aus?)

Übertragen Sie nun die spontanen Äußerungen und erkannten Strukturmuster auf das Ausgangsproblem und prüfen Sie die Verwertbarkeit der gefundenen Analogien. Achten Sie anschließend darauf, dass nach einer Phase der freien Assoziation und der differenzierten Wortanalyse beim Rücktransfer auf die Ausgangsfragestellung das Problem und seine Lösung im Vordergrund stehen.

Anwendungsbeispiel
In einem Unternehmen wird das Tagesgeschäft oft überschattet von einer Vielzahl an Routineaufgaben, die sich oft zu Energie- und Zeitfressern entwickeln.

Aufgabenstellung:
„Wie können wir erreichen, dass die Alltagsroutine im Büro weniger Energie kostet?"

1. Schritt: Finden von Reizwörtern und freie Assoziationen dazu
Reizworte (gefunden im Lexikon):

- Schmetterling
- Nebel
- Märchen
- Schraubenzieher
- Hängematte

Assoziationen zu „Schmetterling"
hat zwei Fühler – ist ganz leicht – fliegt in der Luft – hat Staub auf seinen Flügeln – Flügel abstauben – er trinkt Nektar – er hat bunte Muster

– er schaukelt in der Luft – *Leichtigkeit des Seins* – flattert von Blume zu Blume – Sommer – warm – Spiel und Träume – Verwandlung von Raupe zu Schmetterling – *wird aufgespießt* – Freude spenden – wird totgeschlagen – rumms fällt er runter – Absturz – Kindertraum – Transparenz – besitzt 2 Flügel – synchroner Flügelschlag – blitzartiger Flügelschlag – ausrollbare Nektarzunge – Spirale ...

Aus diesen Assoziationen werden nun drei bis fünf ausgewählt und dann einer differenzierten Wortanalyse unterzogen. Dabei empfiehlt es sich, solche Assoziationen zu wählen, die mit der Aufgabenstellung möglichst wenig zu tun haben. Die Auswahl erfolgt hier, da ja noch der divergente Denkstil eingesetzt wird, spontan und intuitiv. In diesem Anwendungsfall werden die Reizworte „Leichtigkeit“ und „wird aufgespießt“ durchgespielt. Im Anschluss an die differenzierte Wortanalyse erfolgt der Rücktransfer auf die Ausgangsfragestellung.

2. Schritt: Differenzierte Wortanalyse der Assoziation „Leichtigkeit“

A Ich schwebe auf einem fliegenden Teppich durch das Büro.
B Ich jongliere mit den Routinejobs.
C Heinzelmännchen schaffen nachts und morgens ist alles getan.
D Ich wünsche mir eine leichte Wolke zum Ausruhen.

3. Schritt: Rücktransfer auf die Ausgangsfragestellung

A Ich bemühe mich jetzt um Übersicht von oben = Transparenz.
B Ich jongliere mit den Routinejobs und wechsle über zu einer anderen Art, wenn mir etwas zu langweilig wird.
C Wir beantragen externe Entlastung, die „über Nacht“ überschaubare Routinearbeiten bearbeitet.
D Die Pausen werden intensiver zur Erholung genutzt, dann geht die Routine auch leichter von der Hand.

2. Schritt: Differenzierte Wortanalyse der Assoziation „wird aufgespießt“

A Ich fühle mich selber aufgespießt von der Alltagsroutine.
B Routine nagelt mich fest, raubt mir die Freiheit, bringt mich um.
C Ich habe einen Spieß im Rücken.
D Der Spieß ist scharf und schmerzhaft.

3. Schritt: Rücktransfer auf die Ausgangsfragestellung

A Den Spieß rumdrehen (das Verursacherprinzip anwenden „Wer hat diese Mehrarbeit verursacht?“).

B Jemanden anders aufspießen (Routinearbeiten auch an andere verteilen).

C Den Spieß rausziehen (überprüfen, was wirklich notwendig ist bzw. was tatsächlich unnötig ist).

D Den Spieß entschärfen (Spaß mit gemeinsamen Routine-Parties, wo alle genauso wie eine „Putzkolonne“ die Routinejobs systematisch wegarbeiten).

Empfehlungen

Das Besondere der Technik liegt im Verblüffungseffekt. Dieser trägt zum wirkungsvollen Durchbrechen starrer Denk- und Lösungsmuster bei. Das zufällig ausgewählte Reizwort führt zunächst in völlig andere gedankliche Welten und ermöglicht damit einen Abstand zum Problem. Und genau dies ist hilfreich, wenn man außergewöhnliche Lösungsansätze sucht. Das Motto der Reizwortanalyse: „Kontrolliert verrückt sein“, basiert auf den Erkenntnissen der Gehirnforschung über Informationsverarbeitungsprozesse von logischen Systemen.

Da diese Vorgehensweise jedoch oft im Alltag nicht als Problemlöseverfahren zur Verfügung steht, sollte unbedingt eine längere Eingewöhnungsphase eingeplant werden.

Zwar ist diese Technik vorbereitungsintensiver als andere, doch hat sich in vielfältigen Anwendungssituationen gezeigt, dass mittels Reizwortanalyse und durch die Aktivierung unbewusster Denkprozesse neue Aspekte die zuvor gewonnenen Lösungsansätze bereicherten. Dies gilt in besonderem Maße für Teams mit eher wissenschaftlichem, technischen Hintergrund. Bei dieser Technik wird allerdings eine strukturgebende Moderation benötigt, um in der Phase des Rücktransfers ein zu starkes Abdriften der Beiträge ins Uferlose zu verhindern.

2.5 Hundert Ideen – und was dann?

Strukturiert umgehen mit Ideenvielfalt

Im vorherigen Kapitel haben Sie zahlreiche Techniken zur Produktion von Ideen kennen gelernt. Damit lassen sich Ideen auch ergebnisreich entwickeln. Doch es genügt nicht, „hundert Ideen“ zu haben. Diese neuen Lösungsansätze müssen anschließend auch zielgerichtet und konsequent bewertet und ausgewählt werden. Dann erst ebnet der strukturierte Umgang mit Ideenvielfalt den Weg von guten Ideen zur nutzenbringenden Innovation.

Kurzprofil der Phase IV: Ideen-Auslese

Schwerpunkt
Strukturieren, Konkretisieren, Bewerten, Auswählen von Ideen

Vorwiegender Denkstil
Konvergent

Schlüsselfragen
Wie sind die Ideen zu strukturieren?
Wie können die Ideen konkretisiert und vergleichbar werden?
Nach welchen Kriterien werden die Ideen bewertet?
Welche Ideen kommen in die engere Auswahl für die Realisierung?
Welche Idee soll realisiert werden?

Ergebnis
Die Entscheidung für eine Idee

Techniken
- Empfehlungen zur Ideen-Strukturierung
- Ideen-Exposé©
- Pro-und-Contra-Liste
- Checklisten
- Mind Map
- Quint-Essenz©
- Ideenplatzierungsmatrix nach Majaro
- SWOT-Analyse

Phasenbeschreibung

Nachdem Sie mit einer Ideenfindungstechnik hundert oder mehr Ideen entwickelt haben, geht es jetzt darum, bei der Ideen-Auslese vom divergent ausschwärmenden Schwelgen in Ideen umzuschalten auf das konvergente Ideenbewerten. Inzwischen verfügen Sie bereits über eine Fülle von Lösungsansätzen in Ihrem Ideenpool. Damit Sie nicht in diesem Ideenpool „ins Schwimmen geraten" oder gar in den vielen Ideen „ertrinken", bietet es sich jetzt an, die einzelnen Ideen- und Gedankenfragmente konkretere Gestalt annehmen zu lassen, sie zu ordnen und zu strukturieren, z. B. ähnliche Ideen zusammenfassen und sie zu konkretisieren. Hilfreich sind hierbei eingeblendete Ideenbewertungsfilter, die es Ihnen ermöglichen, die Ideenvielfalt zu strukturieren sowie entwicklungsfähige Ansätze heraus zu kristallisieren.

Wichtig im Sinne einer ganzheitlichen Ideenbewertung ist die Mischung analytisch-logischer und intuitiver Faktoren. Sowohl rationale als auch emotionale Zugänge sind gefordert, wenn es um eine engere Auswahl der Lösungsansätze und die Bündelung Ihrer Energien im Entscheidungsprozess geht. Perspektivenvielfalt im Rahmen der Ideenbewertung verbindet emotionale und ökonomische Kriterien, manche sprechen auch von „harten und weichen" Beurteilungsfaktoren.

Außerdem sind Sie nun an dem Punkt der kritischen Betrachtung angelangt, an dem Rahmenbedingungen einzublenden sind: Wie geeignet erscheinen die in der vorherigen Phase entwickelten Lösungsansätze in Bezug auf die zu erwartenden und zu berücksichtigenden Rahmenbedingungen der Realität? Kritische Distanz und konstruktive Kritik sind in dieser Phase gefragt. Dabei steht der konvergente Denkstil im Vordergrund.

Schwierigkeiten und Hindernisse in Phase IV:

- Engagement und Begeisterung können in „Ideenverliebtheit" umschlagen und versperren dann den Blick für eine kritische Betrachtung der Lösungsansätze.
- Eine zu enge Betrachtungsweise und ein 100-Prozent-Anspruch lassen zunächst auch viel versprechende Ideen als realitätsuntauglich und unter den gegebenen Rahmenbedingungen nicht umsetzbar erscheinen.

- Es kann sich auch eine Tendenz ergeben, dass alle Ideen eine Chance verdienen und dass deshalb keine aussortiert werden darf, was dann aber die Entscheidung blockiert.

In dieser Phase gilt es, die strukturiert aufbereiteten Ideen zu prüfen und sorgfältig zu bewerten. Hierbei sollten Sie zwei Positionen in Einklang bringen: eine wohlwollende Haltung gegenüber der neugeborenen Idee sowie eine kritische Betrachtung der mit ihr verbundenen Konsequenzen. Setzen Sie durchaus einen strengen Bewertungsfilter an, ohne dabei frühzeitige K.o.s auszusprechen. Als Leitsatz gilt hierbei:

> „Nichts geschieht ohne Risiko, aber ohne Risiko geschieht auch nichts."
> Walter Scheel (geb. 1919), ehem. Bundespräsident

Sorgen Sie dafür, dass das Team, das die Ideen entwickelt hat, zunächst auch als internes Gremium festlegt, welchen ersten (Bewertungs-)kriterien die gemeinsam generierten Ideen unterzogen werden sollen. Ergänzend dazu sind die bereits durch andere, nicht dem Kreativteam angehörende Personen (wie z. B. Führungskräfte, interne und externe Auftraggeber) vorgegebenen Rahmenbedingungen in die Entscheidung für eine Idee einzubeziehen.

Mittels einer oder mehrerer dieser vorgestellten Techniken wählen Sie die Idee, bzw. die Kombination von Ideenbestandteilen aus, die Sie für die beste an die Situation angepasste Lösung halten. Bitte entscheiden Sie sich an dieser Stelle im kreativen Problemlösungsprozess tatsächlich für eine Idee, denn erst durch eine konsequente Ideenauswahl stellen Sie die Weiche zur erfolgreichen Ideen-Realisierung. Tun Sie es einfach!

> „Für das Können gibt es nur einen Beweis: das Tun!"
> Marie von Ebner-Eschenbach (1830-1916),
> österreichische Schriftstellerin

Techniken

Empfehlungen zur Ideen-Strukturierung

Mögliche Verfahren, mit denen Sie die in der Phase III entstandene Ideenfülle strukturieren können, sind:

- Clustern (Anhäufen) nach Themen, Schwerpunkten oder Ähnlichkeiten der Lösungsansätze.
- Ideen nach Kombinierbarkeit untereinander zuordnen.
- Ideen vorsortieren mit Punkten: Jeder Beteiligte bekommt z. B. 10 Punkte, die einzeln auf alle vorhandenen Ideen verteilt werden. Daraus ergeben sich die von den Beteiligten bevorzugten Ideen. So können beispielsweise von 100 Ideen zur Bewertung nur noch 50 Ideen übrig bleiben.
- Ideen auf Überschneidungen, Überlappungen oder Dopplungen untersuchen und mehrere Ideen zu einer „Mega-Idee" zusammenfassen.
- „Lieblingsideen" identifizieren und zusammenfassen.
- Ideenfülle nach besonders originellen Ideen durchforsten und diese zusammenstellen.

Das Ideen-Exposé©

Diese Technik zur Ideenkonkretisierung haben wir entwickelt, weil sich nach der Phase III vielfach zeigt, dass die entstandenen Ideen ohne diesen Zwischenschritt noch nicht miteinander vergleichbar sind. Denn die Ideen, die Sie mittels Einsatz einer Ideenfindungstechnik gewonnen haben, besitzen oft den Charakter von „Ideen-Splittern". Sie sind in unterschiedlichem Konkretisierungs- und Reifegrad und deshalb schwer zu beurteilen. Daher ist es empfehlenswert, sie zu einem Ideen-Exposé© (einer Darlegung der Idee in kompakter Form) zu verdichten. Mithilfe dieser nachfolgenden Fragen nimmt jede Idee Gestalt an und kann in ihren Grundzügen ausformuliert werden. Dies gilt sowohl für Gegenstände, für Produktentwicklungen als auch für Dienstleistungen.

Das Ideen–Exposé© bietet die folgende Unterstützung:

- Es verschafft einen ersten Überblick über die Art und die Tragweite einer Idee.
- Mit dieser inhaltlichen Konkretisierung ist es möglich, die Idee nicht als nebelhaftes Konstrukt, sondern als greifbares Vorhaben wahrzunehmen und sich eine Meinung dazu zu bilden.
- Damit wird es auch möglich, die Idee mit ihren Grundzügen an Personen zu kommunizieren, die bei der Ideenfindung nicht anwesend waren.
- Beim Umgang mit Ideenvielfalt ermöglicht das Ideen-Exposé© eine Konfektionierung durch die Einblendung rahmenschaffender Faktoren.
- Das ermöglicht einen objektivierten Vergleich bei mehreren zunächst sehr unterschiedlich wirkenden Ideen.

Ideen-Exposé©

Gestalt
Aus welchem Material ist die Idee?
Welche Ausmaße, d. h. Länge, Breite, Höhe hat die Idee?
Welches sind die Grundzüge/Grundprinzipien der Idee?

Zielpersonen/Benutzer
Für wen ist die Idee gedacht?
Wer profitiert von der Idee?

Produktion/Herstellung
Was ist notwendig, damit die Idee entsteht /sich entfaltet/wirkt?
Welche groben „Produktionsschritte" sind nötig?

Vertriebswege/Multiplikation
Wer soll von der Idee erfahren?
Wie soll die Idee transportiert/kommuniziert werden?

Nutzen/Vorteil der Idee
Was wird durch die Idee verändert?

UCP: „Unique Convincing Proposition"
(das überzeugende Alleinstellungsmerkmal der Idee)
Was hat die Idee, was andere nicht haben?
Was macht die Idee einzigartig?

Anwendungsbeispiel
Die Abteilung Unternehmenskommunikation einer Firma hat Ideen für einen besonderen und nachhaltig wirkenden Neujahrsgruß gesammelt.

Aus der Ideenfindung stammt der Ideensplitter „Marzipanschwein mit Rezepten". Dieser Ideensplitter wird durch das Ideen-Exposé© weiterentwickelt und konkretisiert zu einer nachvollziehbaren Idee.

Gestalt
Aus welchem Material ist die Idee?
Welche Ausmaße, d. h. Länge, Breite, Höhe hat die Idee?
Welches sind die Grundzüge/Grundprinzipien der Idee?

Der Neujahrsgruß besteht aus einem rosa Marzipanschwein mit 200 Gramm Gewicht. Dazu kommt eine Rezeptesammlung mit kalorienarmen Rezepten für ein schlankes Neues Jahr, verbunden mit Grüßen der Agentur. Diese Rezeptesammlung ist im Format DIN A 6.

Zielpersonen/Benutzer
Für wen ist die Idee gedacht?
Wer profitiert von der Idee?

Dieser Neujahrsgruß wird verschickt an die 100 Premium-Kunden des Unternehmens.

Produktion/Herstellung
Was ist notwendig, damit die Idee entsteht /sich entfaltet/wirkt?
Welche groben „Produktionsschritte" sind nötig?

Die Produktion der Idee umfasst die Schritte Verfassen einer Rezeptesammlung, Ausdrucken und Binden, Organisation von 100 Marzipanschweinen und Pappkästen sowie das Verpacken und Verschicken.

Vertriebswege/Multiplikation
Wer soll von der Idee erfahren?
Wie soll die Idee weiter transportiert/kommuniziert werden?

Das Ganze wird in einem Pappkästchen per Post verschickt. Die Neujahrsgrußaktion wird zusätzlich auf der Homepage der Agentur erwähnt.

Nutzen/Vorteil der Idee
Was wird durch die Idee verändert?

Die Kunden erhalten einen Neujahrsgruß, der deutlich anders ist. Durch dieses Lebenszeichen wird der Kontakt aufgefrischt.

UCP: „Unique Convincing Proposition"
(das überzeugende Alleinstellungsmerkmal der Idee)
Was hat die Idee, was andere nicht haben?

Was macht die Idee einzigartig?
Ein leckerer Neujahrsgruß für alle, die Schwein haben sollen

Pro-und-Contra-Liste

Diese Technik gilt inzwischen annähernd als Universalinstrument bei Besprechungen und im Managementalltag. Immer wenn eine schnelle Voreinschätzung zur Entscheidungsfindung benötigt wird, wird gerne darauf zurückgegriffen. Dies lässt sich sogar im Privatleben beobachten. Denn fast schon automatisch nimmt jeder Mensch eine Betrachtung der Vor- und Nachteile unterschiedlicher Handlungsalternativen vor. Dies geschieht allerdings häufig nur in einem gedanklichen Durchlauf, und somit wird die Bewertung nicht sichtbar. Die Pro-und-Contra-Liste arbeitet mit einem einfachen Bewertungsschema, das schnell zu Resultaten führt.

Man bereitet ein Formular mit einer zweispaltigen Entscheidungsmatrix vor und notiert zuerst die positiven Aspekte der Idee. Hier gilt der Grundsatz, eine Idee zunächst durch einen positiven Filter, also die PROs, zu betrachten. Anschließend stellt man die CONs, also die negativen Aspekte zusammen. Nach Aufstellung der Pro-und-Contra-Liste verfügen Sie relativ schnell über eine Fülle von Beurteilungsaspekten. Doch Vorsicht bei der Beurteilung unter dem rein quantitativen Blickwinkel „Welche Seite der Liste ist länger?"

Es kommt hier nicht nur auf quantitative Aspekte an! Eher geht es um die Fragen:

- Welches Argument wiegt stärker?
- Welcher Aspekt fällt mehr ins Gewicht?
- Welcher Nachteil ist ein echtes „K.-o.-Kriterium"?

Es empfiehlt sich, mehrere Personen eine derartige Liste anfertigen zu lassen, um Abweichungen im subjektiven Urteil vergleichen zu können. So liefert die Pro-und-Contra-Liste zunächst einen schnellen Überblick. Dennoch ist sie ein eher oberflächliches, äußerst pragmatisches Bewertungsinstrument, dessen Resultate unbedingt im Rahmen vertiefender Betrachtungsstufen überprüft werden müssen.

Die Gefahr besteht in folgender Denkfalle: Da dieses Instrument so bequem anzuwenden ist, greift man in der Hektik des Tagesgeschäftes gerne darauf zurück. Die Motivation, noch weitere Verfahren anzuschließen und der Urteilsbildung zugrunde zulegen, lässt dann allzu oft nach. Das bedeutet, dass ein vorbereitendes Instrument wie die Pro-und-Contra-Liste zur alleinigen Entscheidungsbasis werden kann. Und damit sind vorschnelle Fehlurteile nicht auszuschließen. Aus diesem Grund hat es sich bewährt, die mit der Pro-und-Contra-Liste erarbeiteten Aspekte mit anderen nach geschalteten Techniken zur Entscheidungsfindung zu kombinieren, wodurch sich ein differenzierteres Bild ergibt.

Anwendungsbeispiel
Ein Unternehmen möchte seinen Kunden Wertschätzung vermitteln, um die Kundenbindung zu fördern. Die Abteilung „Unternehmenskommunikation“ hat den Auftrag, hierzu Ideen zu entwickeln. Als Anlass wird dabei der Neujahrsgruß zum Jahreswechsel genommen. Es liegen unterschiedliche Ideen vor, wie denn der Neujahrsgruß ausgestaltet werden kann. Nachfolgend finden Sie die Anwendung der Pro-und-Contra-Liste anhand einer Idee. Für weitere Ideen funktioniert es in gleicher Weise.

Idee „Neujahrsgruß Marzipanschwein“:
Versenden eines rosa Marzipanschweins im Pappkästchen mit Neujahrskarte mit kalorienarmen Rezepten für ein schlankes Neues Jahr

PRO	**CON**
Glücksschweine passen zum Neuen Jahr	spezielle Umverpackung ist nötig
Schweine sind niedlich	hohe Versandkosten, weil es ein Päckchen ist
ist eine emotionale Botschaft	Bruchgefahr beim Transport
man kann die Schweine fertig kaufen	viel Verpackungsaufwand
Zusatznutzen: man kann sie sogar essen und das Glück „verinnerlichen“	hohe Kosten für Marzipanschweine
	ist nicht besonders originell
	kennt jeder schon
	die Rezepte müssen gesucht und geschrieben werden
	hat viel Kalorien
	Marzipan mag nicht jeder, weil es so süß ist

Abb. 14: Pro-und-Contra-Liste (Beispiel)

Damit zeigt sich bereits ein gewisser Überhang an negativen Argumenten. Doch Vorsicht: einige wichtige Aspekte und echte K.-o.-Kriterien haben sich mit dem Einsatz der Pro-und-Contra-Liste noch nicht offenbart. Hier ist dringend eine weitere und vertiefende Ideenbewertungstechnik notwendig.

Checklisten

Checklisten zur Ideen-Bewertung werden in der Praxis in zahlreiche Varianten eingesetzt. Alle darin formulierten Fragen lassen sich vereinfachend auf folgende Hauptfaktoren zurückführen:

- Ressourcenbeanspruchung?
- Vorteile bzw. Nachteile?
- Realisierbarkeit?
- Übereinstimmungen?
- Konsequenzen?

Betrachten Sie die nachfolgend aufgelisteten Fragen als Impulse für Ihre Auswahl und ergänzen Sie bei Bedarf den Fragenkatalog in den einzelnen Kategorien unternehmens- bzw. abteilungsspezifisch.

Ressourcenbeanspruchung
Gibt es die nötigen personellen Ressourcen, um die Idee verwirklichen zu können?
Existieren die nötigen materiellen Ressourcen, um die Idee verwirklichen zu können?
Sind die nötigen finanziellen Ressourcen vorhanden, um die Idee verwirklichen zu können?
Welche Kosten verursacht die Idee insgesamt?
Mit welchen Folgekosten ist zu rechnen?

Vorteile bzw. Nachteile
Welchen Nutzen hat die Idee?
Ist die Idee einfach verständlich zu machen und umzusetzen?
Ist die Idee einleuchtend?
Wie schneidet die Idee im Vergleich mit den Wettbewerbern ab?
Zu welchem Preis soll die Idee bzw. das Produkt verkauft werden?
Wie sind die Gewinnerwartungen der Idee?
Ist die Idee effektiv?
Ist die Idee wirtschaftlich sinnvoll?

Realisierbarkeit
Ist die Idee grundsätzlich realisierbar?
Unter welchen Voraussetzungen ist die Entscheidung für diese Idee denkbar?

Angesichts welcher Gegebenheiten sollte diese Idee weiterverfolgt werden?
Welche Schwächen hat die Idee?
Wie lassen sie sich verhindern bzw. minimieren?

Übereinstimmungen
Ist die Idee mit den Unternehmenszielen vereinbar?
Passt die Idee zur Unternehmenskultur und dem Firmenimage?
Passt die Idee zur bisherigen Unternehmenspolitik?
Wie ist die Übereinstimmung mit gesetzlichen Rahmenbedingungen?
Bewegt sich die Idee in einem legalen Rahmen?

Konsequenzen
Welche weiteren Konsequenzen könnte diese Idee auslösen?
Sind die kurz-, mittel- und langfristigen Veränderungen, die mit der Idee verbunden sind, akzeptabel?
Wer ist bereit, die Idee durchzusetzen?
Welche Hürden sind zu erwarten?
Besteht die Bereitschaft, diese in Angriff zu nehmen?
Wer kann bei der Realisierung der Idee hilfreich zur Seite stehen?
Welche Fürsprecher sind für die Idee zu gewinnen?
Wer muss noch überzeugt werden?

Aus dieser Listenauswahl können Sie sich Ihre persönliche „maßgeschneiderte“ Checkliste zusammenstellen, die Sie jeweils zur Ideenbewertung verwenden. Es ist jedoch darauf zu achten, dass dabei alle Hauptaspekte repräsentiert sind, d.h., dass aus jeder Rubrik Fragen gewählt werden.

Mind Map

Die Technik der Mind Map lässt sich in Bezug auf das Strukturieren und Bewerten von Ideen einsetzen:

- zur Visualisierung der Bewertungskriterien,
- zur Einblendung der Rahmenbedingungen in grafischer Form,
- zur Visualisierung einer Pro-und-Contra-Liste,
- zur gemeinsamen Analyse komplexer Begriffe, die während der Ideenbewertung auftauchen und von denen die Beteiligten unterschiedliche Vorstellungen haben.

Die Quint-Essenz© – der Fünfklang der inneren Stimmen

Die Quint-Essenz© haben wir als wirkungsvolles Instrument zur Ideenbeurteilung entwickelt. In Beratung und Seminaren zeigt sich, dass wichtige Aspekte der Ideenbewertung auch im subjektiven, emotionalen Bereich liegen, weshalb man unseres Erachtens nicht früh genug damit anfangen kann, diese Ermutigungen oder Bedenken aufzuspüren, anstatt sie als „unsachlich" oder „nicht-ökonomisch" auszublenden.

Die Quint-Essenz© basiert auf einem fünfstimmigen Chor von inneren Stimmen, der üblicherweise durcheinander redet und deshalb oftmals nicht beachtet wird. Bei dieser Technik haben nun die inneren Stimmen die Chance, einzeln gehört zu werden und dadurch zu einer abgerundeten Entscheidungsfindung beizutragen. Sinnvoll ist der Einsatz dieser Technik, wenn Sie zwischen mehreren Ideen schwanken und sich eine ganzheitliche Sichtweise zur Entscheidungsförderung wünschen. Mit der Quint-Essenz© nähern Sie sich der Idee auf eine erlebnisorientierte Weise an und kommen so zu einem persönlichen und durchaus auch manchmal „leidenschaftlichen" Urteil.

Das Besondere dieser Technik besteht nicht nur darin, verschiedene Sichtweisen unterschiedlicher Menschen verstehen und akzeptieren zu können, sondern auch darin, sich selbst in die Lage zu versetzen, alle Perspektiven in einer Person einnehmen zu können. Auf diese Weise regiert nicht mehr die stark verallgemeinernde Frage „Richtig oder falsch?" Jeder geäußerte Standpunkt hat seine Berechtigung, alle können verträglich nebeneinander existieren. Wer seine individuellen Facetten trainiert und somit zu einer ganzheitlichen Beurteilung kommt, trägt im Team zu einer Potenzierung der Vielfalt und damit zu gründlicherer Analyse von Ideen bei.

Wenn Sie die Quint-Essenz© anwenden, hören Sie auf die Stimmen Ihres inneren Ensembles, dirigieren Sie die „Solisten des Denk-Quintetts" und sorgen für Einklang durch Abstimmung der Einzelbeiträge. Mit etwas Übung steht einer ganzheitlichen Schlussfolgerung aus den fünf Meinungen der Stimmen – der „Quint-Essenz" – dann nichts mehr im Wege. Es wird Ihnen schnell gelingen, in der entsprechenden Weise zu denken und nur die dazu gehörenden Aspekte zuzulassen. Ein konsequentes

In-der-Rolle-Bleiben ist dabei genauso wichtig wie die Reihenfolge der Solo-Stimmen, wenn Sie die Ideenbewertung konstruktiv unterstützen wollen. Es empfiehlt sich – gerade zu Beginn, wenn Sie mit der Technik noch nicht so vertraut sind – die Gedanken der einzelnen Quintett-Mitglieder schriftlich zu notieren, um sie besser wirken zu lassen und ordnen zu können. Hier lernen Sie die Mitwirkenden der Quint-Essenz© in der erprobten Reihenfolge kennen:

Die Stimme des Analytikers
Er geht überlegt ans Werk. Wilder Aktionismus ist ihm ein Graus. Bevor er zu einem Urteil gelangt, verschafft er sich einen Überblick, klärt die Fakten der Ist-Situation, hinterfragt die Ausgangsbasis und definiert darauf aufbauend die nächsten Schritte. Er sammelt Informationen, wertet diese sachlich aus und strukturiert die gesamte Vorgehensweise. Strategieentwicklung und taktisches Vorgehen ist sein Spezialgebiet. Auch schaltet er sich im Quintett öfter ordnend ein, übernimmt gleichsam die Rolle des Dirigenten und achtet darauf, dass jeder der inneren Solisten zum Zuge kommt.

Die Stimme des Impulsiven
Meist denkt er schneller, als er sich äußern kann, er ist das Sinnbild des Ideenfeuerwerks. Assoziationen und „Gedankenfetzen“ durchfluten ihn, ungeordnet folgt er den sich ihm bietenden Impulsen, die er am liebsten alle gleichzeitig verfolgen möchte. Diese Stimme ist der Repräsentant der *Kreativen Unzufriedenheit*: Unermüdlich und engagiert sucht er nach Alternativen, fragt danach, wie man die Dinge anders, besser machen kann, wie sich Bisheriges verändern lässt, warum und ob Dinge auf genau diese Art erledigt werden müssen. Oft drängt er sich stürmisch in den Vordergrund, bevor er dann seinen Gedanken wieder vergisst. In einem solchen Fall steht ihm der Analytiker zur Seite, sanft bändigend und Struktur vermittelnd.

Die Stimme des Optimisten
Er ist ein enger Verwandter des Impulsiven. Er freut sich über jeden neuen Gedanken, versucht die jeweiligen Vorteile herauszufiltern. Alles erscheint ihm machbar und möglich, wenn man es nur richtig angeht. Jeder sollte eine Chance bekommen; jeder Vorschlag ist es ihm wert, darüber wohlwollend nachzudenken. Er glaubt an das Positive in jedem

Menschen und jeder Idee. Ihn im Quintett zu haben ist eine wichtige Voraussetzung zur Entwicklung und Umsetzung innovativer Ideen und Konzepte.

Die Stimme des Pessimisten

Hinter ihm verbirgt sich die bekannte Stimme des inneren Miesmachers. Kritisch betrachtet er jeden Vorschlag, spürt die Schwachstellen, Probleme und mögliche Risiken auf. Damit bildet er einen hilfreichen Gegenpart zum inneren Optimisten, ermöglicht ein frühzeitiges Gegensteuern und Ausräumen von Schwachpunkten. Doch Vorsicht! Wenn Sie es zulassen, dass dieser Solist zu stark wird, dann kann er sich zu einem gefährlichen Kreativitätsvampir entwickeln, der immer nur schwarz sieht, Neues gar nicht erst ausprobieren will und den Erfolg bezweifelt. Verhindern statt ermöglichen stellt eine wesentliche Blockade dar, die der Pessimist hauptverantwortlich verursachen kann. Deshalb ist darauf zu achten, dass sein kritisches Urteil erst dann abgegeben wird, wenn Sie bereits den Optimisten angehört haben. Beide Solisten bieten Ihnen – gut aufeinander abgestimmt – eine ausbalancierte Sicht der Dinge.

Die Stimme des Emotionalen

Ein Großteil von Entscheidungen vollzieht sich nicht rational. Viele Urteile werden emotional gefällt. Die emotionale Stimme vertritt das „Bauchgefühl", die Intuition. Diese kann zwar nicht genau beschreiben bzw. auf den Punkt bringen, wieso sie ein gutes bzw. schlechtes Gefühl bei der jeweiligen zu beurteilenden Idee hat, doch trügen sie ihre Empfindungen selten. Wenn Sie diese Solistin ignorieren, so wird sie sich rächen, vor allem dann, wenn sie sich unwohl im Zusammenhang mit einer vorgebrachten Idee fühlt: diffuse Ablehnung führt zu unbewusst ablehnendem Verhalten, zu Verschiebungen und Vorwänden. Oftmals ist es einem nicht bewusst, wieso manches einfach nicht gelingen will, weshalb beispielsweise wichtige Unterlagen plötzlich nicht auffindbar sind. Doch in vielen Fällen lohnt es sich, die emotionale Stimme zu befragen und ihr intensiv zuzuhören. Verdrängen Sie Ihr Urteil nicht, weil es „nur" aus dem Bauch heraus gefällt wurde. Versuchen Sie stattdessen mit Hilfe der anderen Solisten des Quintetts herauszufinden, welche Aspekte Ihnen Schwierigkeiten bereiten und somit für latente Ablehnung verantwortlich sind.

Noch einmal die Stimme des Analytikers
Abrundend zur zusammenfassenden Urteilsbildung sollten Sie nochmals den Analytiker aufrufen. Als Moderator stellt er die gesammelten Argumente noch einmal zusammen, wägt sie gegeneinander ab und verfasst ein Fazit, aus welchem sich sowohl die weiteren Schritte als auch das Gesamturteil ableiten lassen.

Anwendungsbeispiel
Ein Unternehmen möchte zum Jahreswechsel gegenüber Kunden Wertschätzung ausdrücken. Es liegen unterschiedliche Ideen vor, wie denn der Neujahrsgruß gestaltet werden kann. Es folgt die Anwendung der Quint-Essenz© anhand einer Idee. Für weitere Ideen funktioniert es in gleicher Weise.

Idee „Neujahrsgruß Marzipanschwein“:
Versenden eines rosa Marzipanschweins mit Neujahrskarte mit kalorienarmen Rezepten für ein schlankes Neues Jahr in einem Pappkästchen.

Nachfolgend hören Sie die Reaktionen des Quintetts auf diese Idee. Es beginnt zunächst die analytische Stimme, die dann nach einer Runde auch wieder alles moderierend zusammenfasst:

Die Stimme des Analytikers
„Also, wir suchen eine Form des Neujahrsgrußes, der positiv auffällt. Betrachten wir diese Idee: es handelt sich um ein Marzipanschwein, das wiegt ca. 200 Gramm und sollte deshalb in eine Pappschachtel gelegt werden. Das bedeutet mehr Porto. Es bedeutet auch Aufwand, die Rezepte zusammenzustellen. Ebenfalls ist zu überlegen, dass Marzipan zwar ein hochwertiges Nahrungsmittel ist, aber eine Menge Zucker und viele Kalorien enthält. Dazu soll dann eine Rezeptesammlung mit dem Motto ‚schlankes Jahr‘ und der Gruß unseres Unternehmens an die Kunden gelegt werden. Das schauen wir uns jetzt mal genauer an.“

Die Stimme des Impulsiven
„Prima, endlich mal ein Vorschlag, der Pepp hat und schmackhaft ist. Damit haben wir heute schon eine Idee verabschiedet und können den Versand sofort vorbereiten. Am besten ich organisiere schon mal die

Pappkästchen. Da fällt mir ein, wir bestellen gleich noch ein paar Marzipanschweine mehr und verschenken sie auch an alle Mitarbeiterinnen und Mitarbeiter. Man könnte sie auch als Tischdekoration für die Jahresfeier verwenden ..."

Die Stimme des Optimisten
„Na, das ist ja mal wirklich eine positive Veränderung im Einerlei der einfallslosen Kundengrußkarten zu Weihnachten und zum Jahreswechsel. Klar, das Schwein ist ein klassisches und weit verbreitetes Glücksbringer-Symbol und diese positive Aussage sollten wir uns zunutze machen. Und dann bietet diese Form des Neujahrsgrußes wirklich eine gute Möglichkeit, sich deutlich im Meer der Grußpost abzuheben. Und wer mehr Porto für seine Kunden ausgibt, drückt dadurch ja auch schon aus, dass sie es einem wert sind. Schließlich wollen wir ja bei unseren Kunden ebenfalls Glücksmomente auslösen und damit rüberbringen, dass wir sie in ihrem Tagesgeschäft ebenfalls durch Wertschätzung und Qualität unseres Angebotes zufrieden stellen wollen."

Die Stimme des Pessimisten
„Na, also wirklich! Ein SCHWEIN aus Marzipan! Das ist ja mega banal. Ein Schwein ist ein universell verwendetes Glücksymbol für den Jahreswechsel, das haben bestimmt schon tausend andere Unternehmen genauso gemacht. Und dann sieht der Rosaton so künstlich eingefärbt aus, das ist doch peinlich bei unserem umweltbewussten Unternehmensimage. Das Glücksschwein ist auch ein typisch deutsches Symbol und damit können gar nicht alle Kulturen etwas anfangen. Unsere Kunden stammen ja nicht alle nur aus Deutschland und dann verstehen manche das gar nicht. Und wenn ich dann noch an unsere Kunden denke, die tatsächlich etwas mehr Leibesfülle haben, die könnten das Schwein ja sogar noch als deutliche Anspielung verstehen. Meine Güte, da geht unsere Absicht, einen wertschätzenden Gruß zu versenden, aber gründlich nach hinten los. Gesund ist dieses süße Marzipan auch nicht. Und der ganze Verpackungsaufwand, da kann es leicht passieren, dass das Schwein zerquetscht wird und aus der Form geraten beim Kunden ankommt. Bei den Beförderungsmethoden heutzutage kann das ja ganz leicht passieren. Das Porto ist dann ja auch schweineteuer ..."

Die Stimme des Emotionalen
„Ach wie süß, so ein kleines, rundes, rosafarbiges Ferkelchen. Ferkel findet doch eigentlich jeder niedlich – neulich, als wir einen Ausflug auf ei-

nen Bauernhof gemacht haben, da waren die Ferkel auf jeden Fall der Sympathieträger für Groß und Klein. Ich glaube, dieses Glückschwein würde ich gar nicht essen, weil es doch so niedlich aussieht. Dann könnte es mir das ganze Jahr über freundlich zuzwinkern und mich das ganze Jahr daran erinnern, dass es mir ja Glück bringen will. Und wenn es unseren Kunden ähnlich geht, leisten wir einen Beitrag dazu, dass sie sich auch dann wohl fühlen, wenn mal nicht alles so rosig ist. Oder sie essen das Schweinchen gleich und nehmen dies als Verinnerlichungsritual für ein glückliches Jahr."

Noch einmal die Stimme des Analytikers
„Also, fassen wir alle fünf Stimmen zusammen: Ein Schwein ist ein bekanntes Glückssymbol, es mangelt ihm aber an Originalität. Es ist fraglich, ob alle unsere Kunden den Sinn dieses Grußes verstehen. Das Zusammenstellen der Rezepte bedeutet einen großen Aufwand. Dabei kann dieses Aufwand und das erhöhte Porto ja auch Wertschätzung transportieren. Denn wer mehr Porto für seine Kunden ausgibt, drückt dadurch ja auch schon aus, dass sie es einem wert sind. Allerdings kann die Kombination von kalorienreichen Marzipan und schlanken Rezepten tatsäch lich einige Kunden irritieren. Und unter logistischen Aspekten ist diese Idee umständlich und das Marzipanschwein kann auch leicht zerdrückt werden. Also kommen wir zu der Schlussfolgerung, dass wir von dieser Idee lieber Abstand nehmen."

In diesem Fall hat die Stimme des Pessimisten wichtige Hinweise geliefert, um das Potenzial und die Wirkung dieser Idee abschätzen zu können. Und es zeigt sich, dass diese Idee deutliche Nachteile hat und dadurch in der Bewertung insgesamt nicht überzeugt.

Ideenplatzierungsmatrix nach Majaro

Die Ideenplatzierungsmatrix nach Simon Majaro bietet die Möglichkeit, das Potenzial einer Idee zu beurteilen und dabei sowohl „harte" als auch „weiche" Faktoren in einen Gesamtzusammenhang zu bringen. Auf der horizontalen Achse der Matrix wird das Maß an Attraktivität abgebildet, das die Beurteilenden dieser Idee bestätigen. Auf der vertikalen Ebene der Matrix offenbart sich die Kompatibilität der Idee mit den Zielen und Ressourcen des Unternehmens.

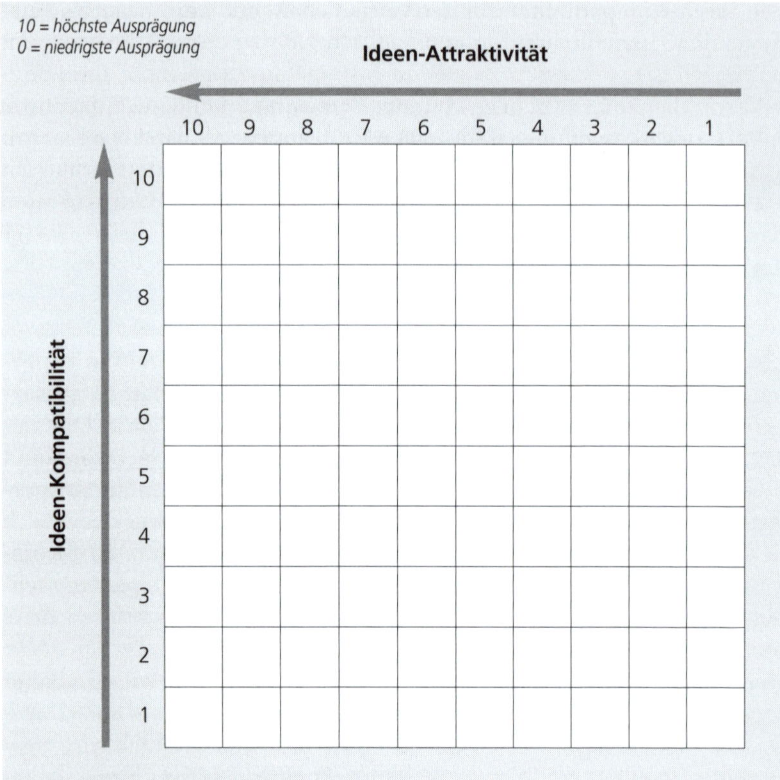

Abb. 15: Ideenplatzierungsmatrix nach Majaro

Die Ideen-Attraktivität auf der horizontalen Achse der Matrix kann beispielsweise folgende Kriterien repräsentieren:

- Originalität
- Prägnanz
- Einzigartigkeit
- Eleganz
- Anwenderfreundlichkeit
- Witz
- Ansprache aller Sinne
- Ästhetik
- Vermittlung von Prestige

Die Ideen-Kompatibilität auf der vertikalen Achse kann beispielsweise folgende Kriterien repräsentieren:

- Verträglichkeit mit dem Zeitbudget
- Verträglichkeit mit den finanziellen Ressourcen
- Verträglichkeit mit den Personalressourcen
- Verträglichkeit mit der Logistik
- Verträglichkeit mit Schutzrechten
- Verträglichkeit mit dem Firmenimage
- Verträglichkeit mit den Leitmotiven der Organisation

Die zu bewertenden Ideen werden dabei auf einer Zehn-Felder-Matrix mit den Achsen Ideen-Attraktivität und Ideen-Kompatibilität anhand einer zehnstufig ansteigenden Skala eingeordnet. Die Ideen werden in diesen beiden Kategorien mit Punkten bewertet, wobei 0 die niedrigste und 10 die höchste Ausprägung darstellt. Anschließend werden die Koordinaten der zu bewertenden Idee auf beiden Achsen eingetragen. So ergibt sich eine deutlich visualisierte Platzierung im Beurteilungsraum. Denjenigen Ideen, die nur auf einer Achse eine hohe Punktzahl erreichen, fehlen jeweils wichtige Aspekte.

Der Vorteil der Ideenplatzierungsmatrix nach Majaro ist, dass sie das Potenzial einer Idee, bezogen auf das Unternehmen und sein Umfeld, aufzeigt. Denn manche Ideen sind an sich innovativ, originell und mitreißend. Doch es kann sein, dass sie einfach nicht zu dem Unternehmen passen. Oder dass sie zu einem bestimmten Zeitpunkt (noch) nicht realisierbar sind. Insofern ist die Bearbeitung der Ideen mit der Ideenplatzierungsmatrix nach Majaro ein wirksames Mittel gegen „Ideenverliebtheit". Interessant sind solche Ideen, die auf beiden Achsen der Matrix hohe Punktbewertungen erzielen. Denn diese stellen eine viel versprechende Lösung dar, die gleichzeitig zu den Rahmenbedingungen passt, innerhalb derer sie realisiert werden sollen.

Beide Werte miteinander verknüpft geben Aufschluss darüber, ob die beurteilte Idee beispielsweise

- eine wenig attraktive Idee ist, die schwer zu realisieren ist und nicht wirklich zum Unternehmen passt,

- eine besonders attraktive Idee ist, die aber schwer zu realisieren ist und nicht wirklich zum Unternehmen passt,
- eine leicht zu realisierende Idee ist, die aber wenig originell ist,
- eine Idee ist, die ein hohes Maß an Attraktivität in Kombination mit einem hohen Maß an Verträglichkeit mit den vorhandenen Ressourcen bietet.

Die Ideenplatzierungsmatrix nach Simon Majaro kann Ihnen als Vorlage dienen, um im Team Ideen zu bewerten. Dabei können Sie die Kriterien aktuell definieren. Wichtig ist, dass Sie diese Kriterien gemeinsam festlegen, damit im Team und Bewertungsgremium Klarheit über die Bewertungsgrundlage herrscht. Ebenfalls kommt es darauf an, dass wirklich beide Dimensionen repräsentiert werden, dass also sowohl die Ideen-Attraktivität als auch die Ideen-Kompatibilität berücksichtigt werden. Andernfalls entstehen verzerrte Ideenplatzierungen.

Anwendungsbeispiel
Ein Unternehmen plant das Versenden eines Neujahrsgrußes an Kunden. Dieser soll einerseits originell sein, aber auch zum Image des Unternehmens passen. Es wurden zahlreiche Ideen entwickelt. In die Endrunde sind mittels Punktbewertung drei Ideen gekommen:

Idee „Marzipanschwein“: Versendung eines rosa Marzipanschweins in einem Pappkästchen mit Neujahreskarte, die kalorienarme Rezepten für ein schlankes Neues Jahr enthält

Idee „Bestellformular“: Versendung eines Bestellformulars für ein erfolgreiches Neues Jahr im Kuvert

Idee „Luftballon“: Versendung eines roten Luftballons und Glückwünsche zum Aufwärtstrend für ein emporstrebendes Neues Jahr im gepolsterten Kuvert

Es geht nun darum, diese drei Ideen genauer zu untersuchen. Dabei soll ermittelt werden:

- einerseits wie attraktiv und originell die Idee ist, also wie hoch die Ideen-Attraktivität ist,

- andererseits, wie gut die Idee sich in das Unternehmensumfeld mit seinen Rahmenbedingungen einpasst, also wie hoch die Ideen-Kompatibilität ist.

Das Unternehmen definiert die Ideen-Attraktivität als:

- Einzigartigkeit
- Prägnanz
- Witz

Die Ideen-Kompatibilität definiert es als:

- Verträglichkeit mit dem seriösen Image des Unternehmens
- Verträglichkeit mit dem Budget
- Verträglichkeit mit der Logistik (einfache und bruchsichere Verschickungsmöglichkeit, vertretbarer Aufwand für Agenturpersonal sowie geringer Platzbedarf bei der Lagerung)

Nun wird jede der Ideen vom Ideen-Entwicklungsteam einzeln bewertet. Dabei werden Punktwerte von 0 = niedrigste Ausprägung bis 10 = höchste Ausprägung vergeben. Dies geschieht durch eine subjektiv vorgenommene Einschätzung der jeweiligen Bewertungskriterien durch Vergabe von Punkten. Die vergebenen Punktwerte kennzeichnen die eingeschätzte Ausprägung des jeweiligen zu beurteilenden Kriteriums bei der gerade zu bewertenden Idee. Das entspricht der in der Marktforschung bei Meinungsumfragen bekannten Vorgehensweise. Um die Wichtigkeit einzelner Beurteilungskriterien noch zu differenzieren, gibt es auch darüber hinaus die Möglichkeit, Gewichtungen der Einzelaspekte vorzunehmen: Gäbe es also z. B. drei Beurteilungskriterien zur Bewertungsdimension „Ideen-Kompatibilität", so könnte nun im Team überlegt werden, ob alle drei Aspekte gleich wichtig sind. Dann würde jeder Aspekt zu einem Drittel in die Bewertung einfließen. Der zugeordnete Punktwert müsste dann mit der Gewichtung multipliziert werden. Sollen die einzelnen Aspekte in unterschiedlicher Bedeutung für das Gesamturteil einfließen, so sind sie entsprechend zu gewichten, z. B. durch die folgende Verteilung: Aspekt 1 wird mit 0,25 Aspekt 2 mit 0,35 und Aspekt 3 mit 0,4 gewichtet. Abschließend werden die gewichteten Punktwerte in eine Matrix eingetragen und die Punktesummen ermittelt und ausgewertet. Es ergibt sich somit ein in Management und Marktforschung eingesetztes Instrument, ein so genanntes Scoring-Modell (= Punktwert-Modell). Um Ideen facettenreich und dabei treffsicher zu bewerten, sollten mehrere Personen die Idee nach diesem Verfahren beurteilen.

In dem folgenden Anwendungsbeispiel fließt jeder der drei Aspekte zu einem Drittel in die Bewertung ein.

Idee „Marzipanschwein"

Ideen-Attraktivität:

Einzigartigkeit: Die Grundidee ist relativ bieder, wird jedoch durch die Rezepte aufgepeppt (ergibt 5 Punkte).

Prägnanz: Die Botschaft ist schwierig zu verstehen, quasi um die Ecke gedacht (ergibt 2 Punkte).

Witz: Gelacht wird hier eventuell, aber auf Kosten aller übergewichtigen Kunden. Im übertragenen Sinne werden zudem ökonomische „Verschlankungskonzepte" durch Lean-Management als bedrohlich empfunden (ergibt 1 Punkt).

Summe Ideen-Attraktivität: 8 Punkte
Der Mittelwert ergibt 8:3 = 2,66

Ideen-Kompatibilität:

Verträglichkeit mit dem seriösen Image der Agentur: Die Idee ist eng an den Jugendkult mit Schlankheitswahn angelehnt und verfehlt so die Zielgruppe der Agentur (ergibt 2 Punkte).

Verträglichkeit mit dem Budget: Die Kosten für Marzipanschwein, ein Kästchen zum Verschicken und das erhöhte Porto für ein Päckchen summieren sich erheblich (ergibt 2 Punkte).

Verträglichkeit mit der Logistik: Das Schwein muss sorgfältig verpackt werden, es besteht Bruchgefahr, die Päckchen nehmen viel Raum ein (ergibt 3 Punkte).

Summe Ideen-Kompatibilität: 7 Punkte
Daraus ergibt sich der Mittelwert 7:3 = 2,33

Gesamtbeurteilung: Diese Idee hat als Summe 2,66 auf der Achse der Ideen-Attraktivität und 2,33 auf der Achse der Ideen-Kompatibilität. Dies ist so zu deuten, dass die Idee wenig attraktiv ist und dass auch ihre Kompatibilität zu wünschen übrig lässt.

Idee „Bestellformular“

Ideen-Attraktivität:

Einzigartigkeit: Die Idee ist bis jetzt nicht bekannt und verblüfft (ergibt 8 Punkte).

Prägnanz: Die Idee hat positive Aspekte, ist aber etwas erklärungsbedürftig (ergibt 5 Punkte).

Witz: Die Idee ist amüsant, aber etwas bürokratisch (ergibt 4 Punkte).

Summe Ideen-Attraktivität: 17 Punkte
Als Mittelwert ergibt sich 17:3 = 5,66

Ideen-Kompatibilität:

Verträglichkeit mit dem seriösen Image der Agentur: Durch die bürokratische Grundaussage wirkt die Idee etwas schwerfällig und fortschrittsfeindlich (ergibt 2 Punkte).

Verträglichkeit mit dem Budget: Die Idee ist einfach zu realisieren und kostet wenig Porto (ergibt 9 Punkte).

Verträglichkeit mit der Logistik: Die Idee ist schnell und gut zu verschicken und leicht zu lagern, wie ein Brief mit Einleger (ergibt 9 Punkte).

Summe Ideen-Kompatibilität: 20 Punkte
Als Mittelwert ergibt sich 20:3 = 6,66

Gesamtbeurteilung: Diese Idee hat als Summe 5,66 auf der Achse der Ideen-Attraktivität und 6,66 auf der Achse der Ideen-Kompatibilität. Dies ist so zu deuten, dass diese Idee einigermaßen attraktiv und relativ kompatibel ist.

Idee „Luftballon“

Ideen-Attraktivität:

Einzigartigkeit: Die Idee ist originell und beschwingt (ergibt 8 Punkte).

Prägnanz: Die Botschaft ist schnell zu erfassen und positiv formuliert (ergibt 9 Punkte).

Witz: Bei dieser Idee kann durchaus geschmunzelt werden (ergibt 7 Punkte).

Summe Ideen-Attraktivität: 24 Punkte
Der Mittelwert beträgt 24:3 = 8

Ideen-Kompatibilität:

Verträglichkeit mit dem seriösen Image der Agentur: Die Idee ist zwar frech, verträgt sich aber gut mit dem innovativen Image (ergibt 6 Punkte).

Verträglichkeit mit dem Budget: Die Idee verursacht überschaubare Kosten (ergibt 7 Punkte).

Verträglichkeit mit der Logistik: Die Zusammenstellung von Luftballon und Anschreiben in einem Kuvert bedeutet einen geringen Aufwand für das Agenturpersonal. Die Lagerung ist überschaubar (ergibt 8 Punkte).

Summe Ideen-Kompatibilität: 21 Punkte
Der Mittelwert beträgt 21 : 3 = 7 Punkte

Gesamtbeurteilung: Die Idee hat als Summe 8 auf der Achse der Ideen-Attraktivität und 7 auf der Achse der Ideen-Kompatibilität. Dies ist so zu deuten, dass diese Idee sehr attraktiv ist und auch relativ kompatibel.

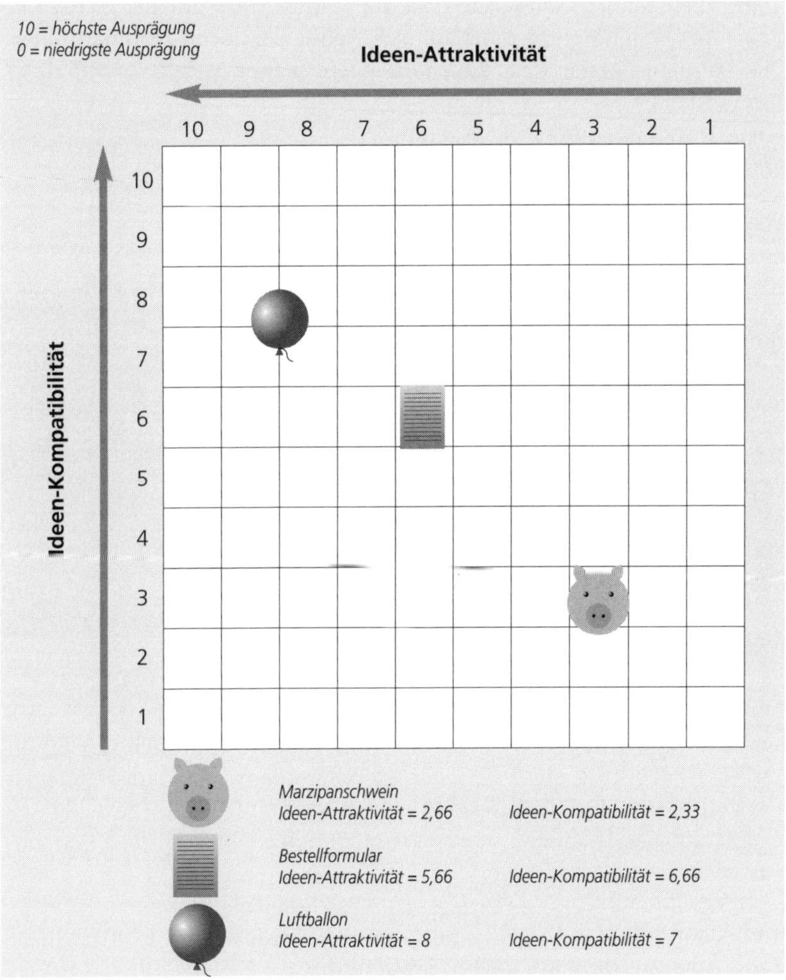

Abb. 16: Ideenplatzierungsmatrix nach Majaro (Beispiel)

Durch die systematische Durchleuchtung mit der Ideenplatzierungsmatrix nach Majaro haben sich die Stärken und Schwächen der Ideen und ihre Wirkung bezogen auf das Umfeld der Agentur deutlich heraus kristallisiert. Als Fazit ergibt sich aus dieser Bewertung die Schlussfolgerung, dass die Idee „Luftballon" am besten abschneidet, da sie eine frische Wirkung hat und dabei nur einen vertretbaren Aufwand verursacht. Bei den anderen beiden Ideen haben sich deutliche Schwächen offenbart: Die Idee „Bestellformular" ist zwar sehr einfach zu realisieren, kommt jedoch bieder und eher langweilig rüber – und bewirkt so nicht den erhofften Effekt der Kundenbindung. Die Idee „Marzipanschwein" ist teuer und aufwendig, und dazu kann sie durch ihre unterschwellig negative Botschaft eher schaden als nützen.

SWOT-Analyse

Produkt- und Dienstleistungen stellen ebenfalls Ideen dar, die es vor der Markteinführung sorgfältig zu überdenken und zu testen gilt. Hierzu bedienen sich Produktmanagement-Teams und andere Marketingfachleute der SWOT-Analyse. Dieses Bewertungsinstrument hat seinen Ursprung im Bereich des Strategischen Marketings und prüft die Ideen in Bezug auf ihre Möglichkeiten auf dem Absatzmarkt. Die SWOT-Analyse liefert ein detailliertes Bild zur Ideenbewertung. Dabei kombiniert diese Situationsanalyse-Matrix Stärken (S = Strengthes) und Schwächen (W = Weaknesses) mit Chancen (= Opportunities) und Bedrohungen (T = Threats). Die Idee wird in Bezug auf vier Hauptkategorien geprüft: Produkteigenschaften, Zielgruppe, Konkurrenz, Branchen- sowie Umfeldrahmenbedingungen.

Dabei nimmt man im Rahmen des Stärken-Schwächen-Profils die Perspektive „Innensicht", d. h. interne Faktoren wie Unternehmenspotenzial sowie Produkt- und Leistungsangebot, und im Bereich des Chancen-Risiken-Profils die „Außensicht" ein, d. h. externe Faktoren wie branchen- und gesellschafts- bzw. wirtschaftspolitisches Umfeld und ihre Auswirkungen auf die Idee.

Zu jedem Feld der Matrix sind Fragen zu beantworten und Einschätzungen vorzunehmen. Diese Methode zählt zu den qualitativen Bewertungsverfahren der Managementinstrumente. Gleichzeitig zeigt sie auf, in welchen Punkten Informationsdefizite bestehen und was noch verbesserungswürdig oder kritisch erscheint.

S wie Strengthes (Stärken) – Innensicht

- Worin besteht die Idee in ihrem Kern und den Hauptelementen?
- Wie hoch ist die Neuartigkeit und Originalität der Idee?
- Ist das Marktalter niedrig?
- Welche Alleinstellungsmerkmale besitzt die Idee, ist sie eindeutig vom Wettbewerb abzugrenzen?
- Sind klare Kenntnisse über Zielpersonengruppen, deren Wünsche und Bedürfnisse vorhanden?
- Gibt es klar herausgearbeitete Nutzenargumente für die zu überzeugenden Zielpersonen?
- Ist die Idee mit den Leitmotiven vereinbar? Mit der Organisationsphilosophie? Mit dem Image?
- Wie steht es um die Realisierbarkeit der Idee mit den vorhandenen Ressourcen?
- Gibt es Produktionsvorteile durch Informationsvorsprünge im Fertigungs- und Umsetzungsprozess?

O wie Opportunities (Chancen) – Außensicht

- Gibt es Trends innerhalb der Branche, des wirtschaftspolitischen Umfeldes, die der Idee den Weg zu sofortiger Akzeptanz ebnen?
- Ist das mit der Idee verbundene Kernthema schon länger ein Diskussionsthema in der Gesellschaft? Warten alle nur auf eine überlegene Lösung dieses Problems?
- Ist das gesellschaftliche, politische Klima derzeit auf Aspekte der Idee positiv sensibilisiert (z. B. schonender Umgang mit Ressourcen, Nahrungsmittelgewissheit)?
- Gibt es neue Gesetze und Verordnungen, die eine Etablierung der Idee fördern? Erleichtern?
- Welche wirtschaftlichen, technologischen und demografischen Entwicklungen fördern die Verbreitung der Idee?

W wie Weaknesses (Schwächen) – Innenansicht

- Besteht eine sehr hohe Erklärungsbedürftigkeit der Idee?
- Gibt es einen Nutzen der Idee nur für ein sehr schmales Zielpersonensegment? Ist das Potenzial des identifizierten Segmentes tragfähig? Ausbaubar?
- Existieren Ressourcenengpässe, die sich derzeit nicht beseitigen lassen?
- Gibt es organisationsinterne Skepsis, Unstimmigkeiten?
- Ist das Marktalter hoch?
- Sind die Eintrittsbarrieren für Wettbewerber eher niedrig? Sind die (Wettbewerbs-) Vorsprünge der Idee nur von kurzer Dauer?
- Wo liegen die Stärken und Schwächen der Konkurrenz?
- Wie sind zu erwartende Reaktionen der Mitbewerber? Ist mit starken Reaktionen oder gar Verdrängungskämpfen zu rechnen?
- Gibt es nur ein knappes Budget für Marketing, insbesondere Kommunikationspolitik?

T wie Threats (Risiken) – Außensicht

- Ist das die Idee betreffende Thema nur eine kurzlebige „Modeerscheinung" in der Gesellschaft?
- Bestehen Gesetze und Verordnungen, welche die Umsetzung der Idee eher verhindern?
- Ist Lobbyismus gegen das Kernthema der Idee zu befürchten?
- Welche wirtschaftlichen, technologischen und demografischen Entwicklungen behindern die Verbreitung der Idee?
- Ist das gesellschaftliche, politische Klima derzeit auf Aspekte der Idee negativ sensibilisiert (z. B. genbehandelte Nahrungsmittel)?

Abb. 17: Ideenbewertung durch SWOT-Analyse

2.6 Konsequente Ideen-Realisierung
Werkzeuge des Projekt-Managements einsetzen

Die „Qual der Wahl" – aus hundert Ideen Ihren Favoriten auszuwählen – haben Sie bewältigt. Nun gilt es, die Idee tatsächlich zu realisieren. Doch gerade hier zeigen sich oft Stolpersteine auf dem Weg. Erfahren Sie, wie Ihnen die Werkzeuge des Projekt-Managements bei der konsequenten Realisierung von Ideen helfen können.

Kurzprofil der Phase V: Ideen-Realisierung

Schwerpunkt
Entwickelte Idee an die Realität anpassen
Idee verwirklichen

Vorwiegender Denkstil
Divergent mit Anteilen von konvergentem Denken

Schlüsselfragen
Wie wird aus der formulierten Idee ein Projekt?
Was muss noch angepasst werden?

Ergebnis
ein realisiertes Projekt

Techniken
- Definition Projekt-Ziel mit Prioritätensetzung
- Checkliste zur Projekt-Organisation
- Instrumente der Projekt-Planung
- Steuerungsmatrix© des Projekt-Managements
- Minimalbaukasten für Projekt-Management
- Mind Map

Phasenbeschreibung

Im Verlauf dieser Phase entwickeln Sie die Idee mit Zieldefinition und legen konkrete Maßnahmen, Verantwortlichkeiten und Termine fest. Dieses Kapitel beschreibt die Schnittstelle zum Projekt-Management.

Die Phase der Ideen-Realisierung ist die längste Phase innerhalb der Wachstumsspirale©. Sie kann sich über Wochen oder Monate erstrecken. Deshalb steht nicht einer der beiden Denkstile kontinuierlich im Vordergrund. Doch ist die Phase V geprägt von dem Wechsel zwischen Planung, Umsetzung, Beobachtung und Anpassung und hat dadurch eher divergenten Charakter.

Schwierigkeiten und Hindernisse in Phase V:

- schwindender Mut und Angst vor Veränderungen
- nachlassende Geduld und abnehmendes Durchhaltevermögen
- unprofessionelle Präsentation der Idee vor Meinungsbildnern und Kritikern
- aktionistisches Vorgehen, ohne das Vorhaben als Projekt geplant zu haben
- Unterschätzen des Projektumfanges
- Unterschätzen von Projekt-Risiken
- zu selten durchgeführter Soll-Ist-Vergleich
- mangelnder Informationsfluss
- unklare Zuständigkeiten im Team
- Schwierigkeiten auf der Beziehungsebene

Wenn entschieden ist, mit der ausgewählten Idee in die Realisierungsphase zu gehen, sollte diese Idee auch als ein Vorhaben geplant werden. Dabei wird dieses Vorhaben definiert bezüglich seines Inhaltes und der Qualitätsansprüche. Es wird ein Zeitrahmen bestimmt, innerhalb dessen die Idee realisiert sein soll. Es wird überprüft, was an Geldmitteln und an sonstigen Ressourcen in diese Idee gesteckt werden kann. Und wenn Sie so weit gekommen sind, verwandelt sich die Realisierung dieser Idee in ein Projekt.

Als wörtliche Übersetzung aus dem Lateinischen bedeutet Projekt „Das nach vorne Geworfene". Damit ist das schwungvolle, dynamische, risikoreiche und spannende Element von Projekten, also das, was sie so interessant macht, bestens charakterisiert. Umfangreicher ist die präzise Definition aus der Literatur:

Definition „Projekt" (in Anlehnung an DIN 69 901)

„Ein Projekt ist ein zeitlich, sachlich und aufwandbezogen begrenztes Vorhaben mit klar definierter Aufgaben- und Zielstellung. Es ist charakterisiert durch die Einmaligkeit der Bedingungen in ihrer Gesamtheit, durch die Abgrenzung gegenüber anderen Vorhaben und durch eine projektspezifische Organisation."

Also ist ein Projekt das genaue Gegenteil von Alltagsroutine, und das macht es zur anspruchsvollen Herausforderung für alle Beteiligten. Der Vorteil von Projekt-Management ist, dass alle Ressourcen zielgerichtet verwendet werden können. Zeit und Mittel werden ökonomisch eingesetzt. Zusätzlich kann durch Transparenz im Projekt die Leistungsbereitschaft der Beteiligten gesteigert und so auch die Arbeitsatmosphäre verbessert werden.

Techniken

Definition Projekt-Ziel mit Prioritätensetzung

Das Gesamtprojektziel besteht aus drei Komponenten: dem Inhaltsziel, dem Aufwandziel und dem Zeitziel. Die gesamte Planung eines Projektes dreht sich also um die Fragen Was? Wie viel? und Wann? Dargestellt wird dieser Beziehungszusammenhang üblicherweise in einem gleichschenkligen Dreieck.

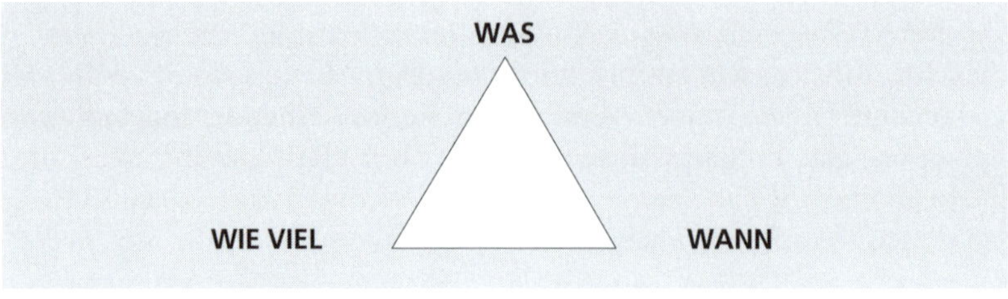

Abb. 18: Definition des Projekt-Ziels

WAS? (Inhaltsziel)
Was wollen Sie als Gesamtleistungsumfang planen und realisieren?
Welche Qualität wollen Sie dabei erreichen?

WIE VIEL? (Aufwandsziel)
Mit wie viel Aufwand (Kosten, Personalaufwand, Produktionsressourcen, Energie) wollen Sie das Ziel erreichen?

WANN? (Zeitziel)
Wann beginnen Sie?
Bis wann wollen Sie das Ziel erreichen?

Diese einzelnen Zielvorgaben beeinflussen sich gegenseitig bzw. sie stehen in einer Konkurrenz zueinander. Wenn eine dieser Zielvorgaben sich verändert, dann hat das zwangsläufig Auswirkungen auf die anderen. In diesem Spannungsdreieck der konkurrierenden Zielvorgaben sollten Sie eine Prioritätenliste definieren. Das ist besonders wichtig am Beginn eines Projektes. Eine Prioritätensetzung ermöglicht es Ihnen, während der Ideen-Realisierung Steuerungsmaßnahmen zu ergreifen. Stellen Sie sich die Frage, wonach Sie das Gelingen des Projektes beurteilen werden, d. h. welches Ziel Sie unter allen Umständen erreichen wollen. Daraus ergibt sich, bei welchen anderen Zielen Sie bereit sind, realitätsbezogene Anpassungen zu machen. Anhand dieser Prioritäten können Sie das Projekt steuern.

Jedes Projekt ist in sich einmalig und besteht aus fachlichen und beziehungsbezogenen Entscheidungen und Handlungen. Deshalb kann hier auch kein „Rezept" angegeben werden, wie die Prioritäten zu setzen sind. Als Anhaltspunkte lassen sich drei grundsätzlich verschiedene Projekttypen charakterisieren:

Projekt mit Priorität 1 beim Zeitziel
Beispiele für Projekte mit der Priorität 1 des Zeitziels sind Events oder zeitgebundene Veranstaltungen. Wenn Sie Ihre Planung abgeschlossen haben und das Projekt realisieren, dann läuft alles darauf hinaus, dass Sie in jedem Fall das Zeitziel erreichen. Sonst wäre das Allerwichtigste bei diesem Projekt, nämliche die termingenaue Abwicklung, gefährdet.

Projekt mit Priorität 1 beim Aufwandziel

Priorität 1 beim Aufwandziel haben Sie in Projekten, die vorhersehbarer Weise mit bescheidenen Personalressourcen und knappen finanziellen Ressourcen ausgestattet sind. In diesen Fällen ist von vornherein klar, dass der kalkulierte Aufwand auch tatsächlich eingehalten werden muss und keinesfalls übersteuert werden darf. Die Gefahr wäre sonst, dass nach der Hälfte des Projektes sämtliche Projektressourcen erschöpft wären, ohne dass eine Möglichkeit besteht, Mittel aus anderen Quellen in das Projekt einfließen zu lassen.

Projekt mit Priorität 1 beim Inhaltsziel

Priorität 1 beim Inhaltsziel haben Sie in Projekten, die dem Image dienen oder bei denen die Qualität übergeordnet ist. Hier ist es wichtig, dass tatsächlich der Gesamtleistungsumfang verwirklicht und auch die geplante Qualität erreicht wird.

Um das Projekt-Ziel erfolgreich zu definieren, empfehlen wir folgende Punkte zu berücksichtigen:

- Das Projekt-Ziel sollte nach Inhalt, Aufwand, Termin definiert sein.
- Bei den Komponenten des Projekt-Ziels sollten Prioritäten von 1 bis 3 gesetzt werden.
- Das Projekt-Ziel sollte erreichbar und realistisch sein, da durch unrealistische Ziele die Motivation in jedem Projekt-Team sinkt.
- Es ist empfehlenswert, das Projekt-Ziel verständlich und klar schriftlich zu formuliert. Diese Formulierung sollte ergebnisoffen sein.
- Es ist erforderlich, das Projekt-Ziel allen Projektbeteiligten bekannt zu machen.
- Ein weiterer Schritt ist, darauf hinzuarbeiten, dass das Projekt-Ziel von allen Projektbeteiligten akzeptiert wird.

Diese Klärungen sind nutzenbringend, weil Sie damit gleich zu Beginn des Projektes die Weichen stellen für einen transparenten Projektablauf. In der Praxis zeigt sich, dass Projekte oft mit „verschwommener“ Zielsetzung vorschnell begonnen werden und dann in der Durchführung manche Durststrecke erleben. Besonders bei der Anforderung, das Projekt-Ziel allen Beteiligten bekannt zu machen, liegt eine riskante Sollbruchstelle. Wenn Beteiligte unklare Vorstellungen haben vom Projekt-Ziel oder wenn die Prioritäten nicht bekannt sind, kann dies bei der Durchführung zu falschen Entscheidungen führen. Auch ist es elementar wichtig, dass das Projekt-Ziel von allen Beteiligten akzeptiert ist, weil sonst auf der Beziehungsebene des Projektes Probleme auftauchen.

Checkliste zur Projekt-Organisation

Um effizient zusammen zu arbeiten, ist es sinnvoll, dafür zu Beginn des Projektes eine Struktur zu vereinbaren. Zur Klärung der Projekt-Organisation hier eine Checkliste:

- Wer leitet das Projekt?
- Wer ist der Projektleitung vorgesetzt?
- Wer ist mit wie viel Zeitkapazität im Projekt-Team eingeplant?
- Wer soll über gravierende Projektabweichungen informiert werden?
- Wer entscheidet notfalls über die Fortführung oder den Abbruch des Projektes?

Bei der Projekt-Organisation ist es wichtig, dass tatsächlich eine Person mit der Leitung des Projektes betraut ist. Projektleitung ermöglicht die zielgerichtete Durchführung eines Projektes, bei der alle Handlungsstränge bei einer Person zusammenlaufen. In der Praxis schleichen sich manchmal Projekte ein, die „von allen gemeinsam" geleitet werden. Hier besteht die Gefahr des Verschiebens von Zuständigkeiten. Auch die in der Praxis kursierenden Abschwächungen von „Projektleiter", nämlich „Projektverantwortlicher" oder „Projektzuständiger", zeigen einen solchen Aufweichungsprozess an. Ebenfalls wichtig ist, zu klären, wer in dem Projekt mitarbeitet und wie viel Stundenbudget dafür zur Verfügung steht. Dies ermöglicht Planungssicherheit oder zumindest eine Prognose, ob das Projekt mit diesen Personalressourcen überhaupt zu bewältigen ist. Auch die Frage, wer im Notfall über das Projekt und seine Fortführung entscheidet, ist nicht nur pure Schwarzseherei, sondern eine wichtige Projektinformation, die in schwierigen Situationen hilfreich ist.

Instrumente der Projekt-Planung

Die Planung eines Projektes kostet Zeit und Energie, zahlt sich aber aus, da anfänglich gemachte Fehler sich im Laufe eines Projektes potenzieren.

Dies bestätigt ein aufmerksamer Beobachter:

> „Wer das erste Knopfloch verfehlt, kommt mit dem Zuknöpfen nicht zu Rande."
>
> Johann Wolfgang von Goethe (1749-1832), deutscher Dichter

Nach der Zieldefinition erfolgt die Planung des Projektes, die von der Grobplanung bis zur Feinplanung im Laufe des Projektes immer wieder aktualisiert wird. Projekt-Planung ist somit kein statischer Vorgang, der nur einmal zu Beginn des Projektes vollzogen wird, sondern ein dynamischer Prozess. In der Erstplanung festgelegte Daten werden kontinuierlich in den nachfolgenden Planungsschritten an die Realität angepasst. Die Projekt-Planung beginnt mit dem Projekt-Strukturplan.

Projekt-Strukturplan: Was überhaupt?

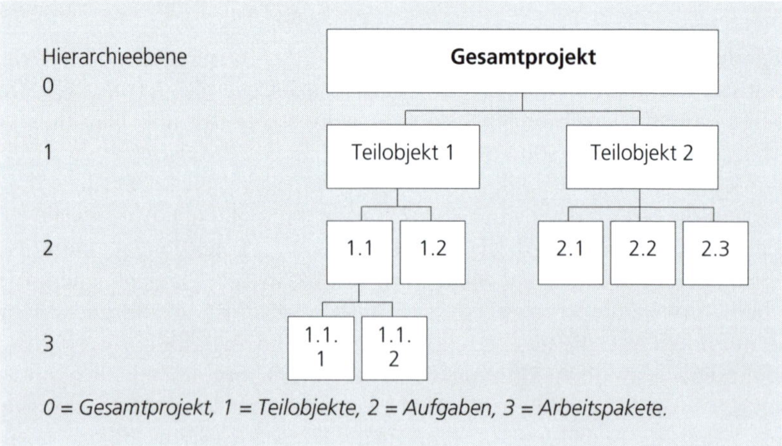

Abb. 19: Projekt-Strukturplan

Der Projekt-Strukturplan dreht sich um die Frage, was alles in diesem Projekt enthalten ist. Projekte zeichnen sich durch Komplexität aus. Um diese Vielzahl von Faktoren beurteilen zu können, benötigen Sie eine Grundstrukturierung als Voraussetzung zur erfolgreichen Abwicklung. Die Erarbeitung eines Projekt-Strukturplanes vermittelt eine vollständige Übersicht über alle im Projekt anfallenden Aufgaben.

Dabei wird die gesamte Projektleistung zerlegt in

- Teilprojekte
- Aufgaben
- Arbeitspakete

Diese Hierarchieebenen der Aufgaben des Projektes werden optisch dargestellt und in einer numerischen Klassifikation definiert. Diese Strukturierung macht den Gesamtleistungsumfang des Projektes transparent. Das Projekt wird somit planbar, überwachbar und steuerbar. Den Projekt-Strukturplan brauchen Sie nicht in jedem Fall am Computer zu erstellen. Es kann zur Herstellung einer Übersicht im Projekt auch genügen, ihn mit Moderationskarten auf einer Pinnwand zu visualisieren. Oder Sie zeichnen ihn per Hand auf ein Flipchartpapier und hängen ihn deutlich sichtbar auf. Egal, für welche Visualisierung Sie sich entscheiden, sie wird in jedem Fall die Transparenz im Projekt für alle Beteiligten sichern.

Projekt-Ablaufplan: Was, Wann?

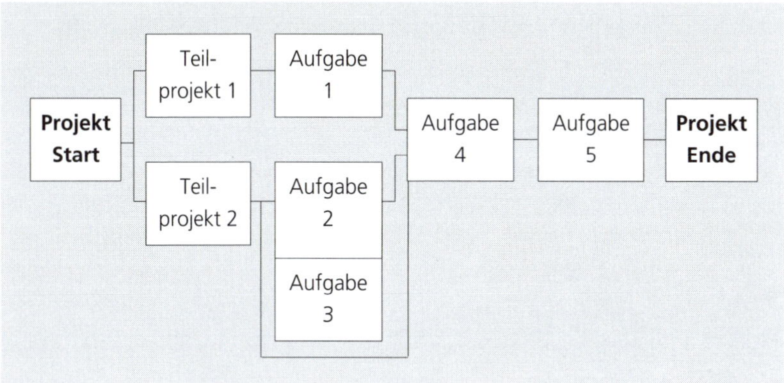

Abb. 20: Projekt-Ablaufplan

Dieser visualisiert die Vorgehensweise im Projekt bei der Abarbeitung der anstehenden Aufgaben und zeigt die Beziehung auf, welche die einzelnen Aufgaben zueinander haben. Deutlich wird allen am Projekt Beteiligten auf diese Weise die logische Reihenfolge, in der die Arbeitspakete abgewickelt werden sollen, z. B. parallel, hintereinander oder überlappend.

Meilensteinplan: Was, bis zu welchem Meilenstein?

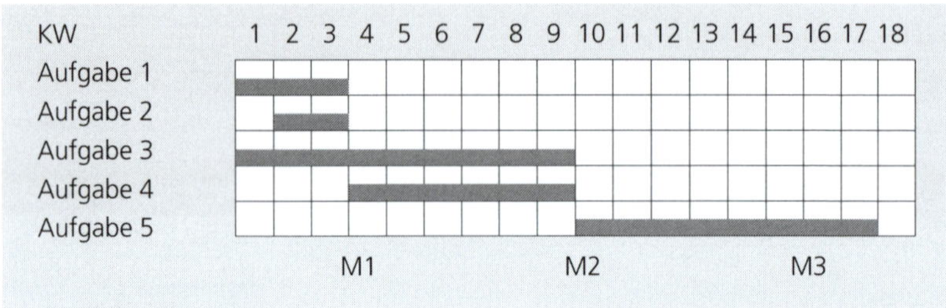

Abb. 21: Meilensteinplan

In diesem Plan werden die zu erledigenden Aufgaben in eine zeitliche Abfolge gebracht, welche durch die konkreten Kalenderwochen hinterlegt wird. Aus diesem Plan entstehen die Meilensteine eines Projektes, d. h. der Zeitpunkt, an denen ein Vorgang abgeschlossen sein muss, damit ein anderer beginnen kann. Diese Meilensteine führen zur Planungssicherheit, weil dadurch der Grad der Zielerreichung messbar wird. Durch den Meilensteinplan definieren Sie, welcher Zeitbedarf für die einzelnen Aufgaben und Arbeitspakete besteht. Dabei wird verständlicherweise unterschieden nach tatsächlich benötigter und nach insgesamt verstrichener Zeit.

Projekt-Terminplan: Was, Wann, Wer?

Arbeitspaket Nr.	Verantwortlich	Termin	von	bis
1.1.1	Krause		15.3.	17.4.
1.2.2				
2.1.1				
2.2.3				
2.3.4				
2.4.1				
2.5.3				
2.6.2				

Abb. 22: Projekt-Terminplan

Im Projekt-Terminplan wird formuliert, wer welches Arbeitspaket bis wann erledigt.

Projekt-Kapazitätsplan: Wann? Wie viel Kapazität?

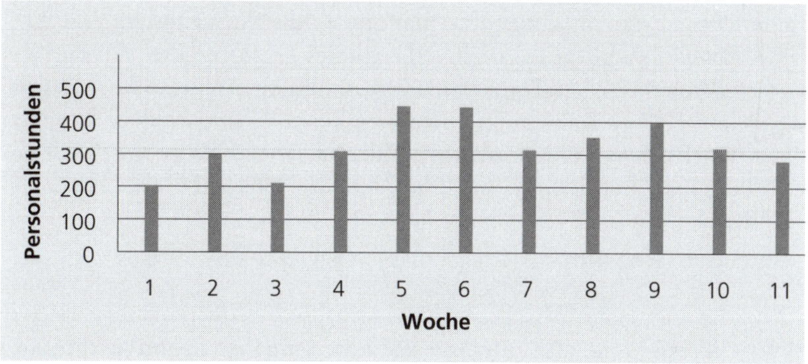

Abb. 23: Projekt-Kapazitätsplan

Der Projekt-Kapazitätsplan ordnet die benötigten Personalstunden der Mitarbeiterinnen und Mitarbeiter einer Zeitschiene zu. Ebenso kann dies für die benötigte Kapazität von Produktionsressourcen (Maschinen, Anlagen etc.) definiert werden.

Projekt-Kostenplan: Wann? Wie viel Finanzmittel?

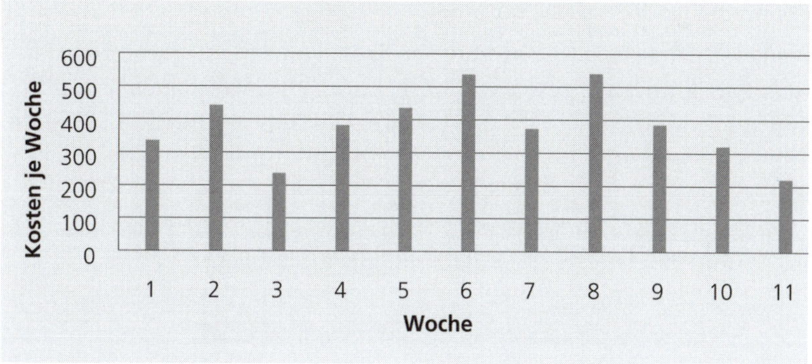

Abb. 24: Projekt-Kostenplan

Der Projekt-Kostenplan visualisiert, welche Finanzmittel für Material, Fremdleistungen, externes Personal und Investitionen wann bereitzustellen sind.

Projekt-Risikoeinschätzung: Was, wenn ...?

Ein wichtiger Aspekt der Projektplanung ist die Einschätzung von Risiken. Diese sollte kontinuierlich während des gesamten Projektverlaufes vorgenommen werden. Dabei wird im gedanklichen Vorlauf untersucht, welche möglichen Risiken und Schwierigkeiten es in dem Projekt geben kann. Die Risiken werden sowohl auf der Sachebene als auch auf der Beziehungsebene betrachtet. Wenn Sie sich damit beschäftigen, bevor die „Pleiten und Pannen" passieren, haben Sie den Vorteil, dass Sie agieren statt re-agieren können. Stellen Sie sich dazu folgende Fragen:

- Welche ungeklärten Faktoren im Projekt sind ein potenzielles Risiko?
- Welche Vorgänge im Projektumfeld könnten einen negativen Einfluss auf die Zielerreichung haben?
- Welche Alternativen haben Sie im „worst case"?
- Was können Sie mit den Beteiligten für den Notfall vereinbaren?

Eine wirkungsvolle und in der Praxis leicht durchzuführende Methode zur ersten Grobeinschätzung von Risiken ist die Betrachtung bezüglich Eintrittswahrscheinlichkeit und Tragweite für das gesamte Projekt.

Die Einschätzung eines Risikos im Projekt wird ermöglicht durch die Formel: *„Tragweite x Eintrittswahrscheinlichkeit"*

Beide werden beispielsweise auf einer Skala von 1 bis 10 dargestellt. Hier ist bei der Eintrittswahrscheinlichkeit 1 höchst unwahrscheinlich und 10 äußerst wahrscheinlich. Bei der Tragweite für das gesamte Projekt ist die 1 unbedeutend und die 10 äußerst gravierend. Dabei wird von den Projektbeteiligten mittels dieses Punktwertverfahrens eine subjektive Risikoeinschätzung zu beiden Ausprägungen abgegeben. Die auf beiden Skalen vergebenen Punkte werden dann miteinander multipliziert.

Skalenmuster „Eintrittswahrscheinlichkeit"

höchst unwahrscheinlich | relativ wahrscheinlich | äußerst wahrscheinlich

1 — 10

Skalenmuster „Tragweite für das gesamte Projekt"

unbedeutend | relativ ernst | sehr gravierend

1 — 10

Abb. 25: Projekt-Risikoeinschätzung

Dies gibt Aufschluss darüber, ob ein Risiko

- relativ unwahrscheinlich, dabei aber gravierend ist, ergibt ca. 10 Punkte (ist zunächst zu vernachlässigen).
- sehr wahrscheinlich, dabei aber unbedeutend ist, ergibt ca. 10 Punkte (ist zunächst zu vernachlässigen).
- relativ wahrscheinlich und relativ ernst ist, ergibt ca. 25 Punkte (sollte unbedingt beachtet werden).
- äußerst wahrscheinlich und sehr gravierend ist, ergibt ca. 80 Punkte (sollte unbedingt sofort behandelt werden).

Als Richtwert gilt dabei: Ab einem Schwellenwert von 25 Punkten wird das Risiko zu einer potenziellen Gefährdung für das Projekt. Der nächste Schritt sollte somit die Aufstellung eines Krisenplans für das entsprechende Risiko sein.

Die Steuerungsmatrix© des Projekt-Managements

Die laufende Beobachtung und Überwachung aller Faktoren ist die „Überlebensversicherung" in einem Projekt. Denn auch die präziseste Projektplanung kann nicht alle Faktoren vorhersehen, die das Projekt tatsächlich beeinflussen werden. Wenn Unvorhergesehenes geschieht, kann sich das gesamte Projektgefüge verändern. Also wird – ganz neutral, wertfrei und ohne Schuldzuweisung – das Geplante verglichen mit dem tatsächlich Passierten. Das „Ist" wird dem „Soll" gegenübergestellt. Aus diesen Abweichungen zieht man Rückschlüsse und kann dann korrigieren, das heißt steuernd eingreifen. Dabei wird versucht, das Ziel mit der Priorität 1 zu erreichen, und zwar notfalls auf Kosten der anderen Ziele. Dies bedeutet, dass bei den anderen Zielen Ansprüche gesenkt werden.

Die grundsätzlichen Möglichkeiten der Projektsteuerung finden Sie zusammengefasst in der Steuerungsmatrix© des Projekt-Managements. Die Entscheidung, welche Art der Steuerung zu Ihrem Projekt passt, kann nur im direkten Sinnzusammenhang beantwortet werden.

		Gesamtleistungsumfang G1	Qualitätsanspruch G2	Personalstunden G3	Produktionsressourcen G4	Finanzmittel G5	Projektende G6
Gesamtleistungsumfang	S1		X	X	X	X	X
Qualitätsanspruch	S2	X		X	X	X	X
Personalstunden	S3	X	X		X	X	X
Produktressourcen	S4	X	X	X		X	X
Finanzmittel	S5	X	X	X	X		X
Projektende	S6	X	X	X	X	X	

Abb. 26: Steuerungsmatrix© des Projekt-Managements

Bei einer Gefährdung der Einzelkomponenten der Projektziele G1 ... G6 kann eine Projektsteuerung erfolgen über S1 ... S6.

Gefährdung der Projekt-Ziele:
G1 bedeutet, der Gesamtleistungsumfang ist nicht zu erreichen.
G2 bedeutet, der Qualitätsanspruch kann nicht eingelöst werden.
G3 bedeutet, die eingeplanten Personalstunden werden nicht ausreichen.
G4 bedeutet, die eingeplanten Produktionsressourcen werden nicht ausreichen.
G5 bedeutet, die eingeplanten Finanzmittel stellen sich als zu gering heraus.
G6 bedeutet, das vorgesehene Projektende ist nicht einzuhalten.

Prinzipiell mögliche Steuerungsmaßnahmen:
S1 bedeutet Verringerung des Gesamtleistungsumfanges.
S2 bedeutet Senkung des Qualitätsanspruches.
S3 bedeutet Erhöhung der Personalstunden.
S4 bedeutet Erhöhung bzw. Erweiterung der Produktionsressourcen.
S5 bedeutet Erhöhung der Finanzmittel.
S6 bedeutet Verschieben des Projektendes.

Diese verschiedenen Steuerungsmechanismen sollten in einem gedanklichen Vorlauf erprobt werden. Dann kann entschieden werden, welche Maßnahme in einem bestimmten Projekt mit seiner speziellen Zielpriorität sinnvoll und realistisch ist. Oft ist es auch eine Kombination von einzelnen Steuerungsmaßnahmen, die zur erfolgreichen Kurskorrektur im Projekt führt.

Anwendungsbeispiel
Eröffnung eines Schokoladengeschäftes

WAS? – Das Inhaltsziel hat
- den Gesamtleistungsumfang: Renovierung und Einrichtung und Dekoration von 150 qm Ladenfläche inklusive Probierbar, Kundengarderobe und einem Mini-Museum der Schokoladengeschichte.
- den Qualitätsanspruch: das Angebot der Schokolade soll insgesamt 100 Sorten umfassen, soll sich in der Art der Präsentation an der elitären Salonatmosphäre der Belle Epoque orientieren, das Personal soll mit schokobrauner Uniform ausgestattet und der Umgangston soll ausgesucht höflich sein.

WIE VIEL? – Das Aufwandsziel beinhaltet
- den Aufwand an Personalstunden, dafür sind für alle Beteiligten 400 Stunden eingeplant.

- den Aufwand an Produktionsressoucen, Schwingschleifer, Tapezierwerkzeug, Farbrolle, Werkzeugkasten, Firmen-PKW.
- sowie den Aufwand an Finanzmitteln, dafür ist für Ladenmöbel und Renovierungsmaterial eingeplant 10.000 Euro.

WANN? – Das Zeitziel beinhaltet
- den Zeitpunkt, zu dem das Projekt begonnen wird, den 20. Januar.
- den Zeitpunkt, zu dem das Projekt abgeschlossen sein soll, den 10. Februar (es ist angestrebt, vor dem Valentinstag am 14. Februar den Laden eröffnet zu haben).

Wenn sich während der Realisierung zeigt, dass bestimmte Komponenten der Projektziele so nicht erreichbar sind, gibt es beispielsweise folgende Möglichkeiten des „Nachregulierens“. Diese werden hier dargestellt als prinzipielle Ansatzpunkte ohne Bewertung oder Empfehlung.

S1 bedeutet die Verringerung des Gesamtleistungsumfanges:
- Verringerung der Ausstellungsfläche von 150 qm auf 100 qm.
- Weglassen der Kundengarderobe.
- Weglassen des Mini-Museums zur Schokoladengeschichte.

S2 bedeutet Senkung des Qualitätsanspruches:
- statt 100 Schokoladensorten bietet der Laden nur 60 an.
- die schokoladenbraunen Uniformen werden bis auf Weiteres weggelassen.
- Umorientierung bezüglich der Dekoration des Ladens, sie soll nicht mehr so ausgesprochen aufwändig und edel sein.

S 3 bedeutet Erhöhung der Personalstunden:
- Unterstützung durch Renovierungsunternehmen anfordern.
- Studentischen Hilfsdienst engagieren.
- Blitzhilfe über Zeitarbeit ordern.
- eine Instant-Praktikumsstelle ausschreiben.
- Bekannte fragen, ob ihre Kinder einen Wochenend-Job brauchen.
- eine Renovierungsparty veranstalten, jede Person bringt an einem Nachmittag um 16 Uhr eine weitere Person mit, die 3 Stunden hilft.
- selber einige Stunden mehr in das Projekt investieren und dafür auf eine Freizeitbeschäftigung verzichten.

S 4 bedeutet Erhöhung/Erweiterung der Produktionsressourcen:
- hochwertige Farbe kaufen, die beim ersten Anstrich deckt.
- eine Parkettabschleifmaschine mieten.
- ein größeres Auto mieten, um die Möbel besser transportieren zu können.

S 5 bedeutet Erhöhung der Finanzmittel:
- einen Kredit aufnehmen.
- Bemühung um Fördergelder.
- Rabatt aushandeln beim Materialeinkauf.
- überlegen, was an Arbeitsgeräten geliehen werden kann und so deren Kaufpreis sparen.
- die vorige Ladenausstattung im Internet versteigern.
- Vermietung eines Teils des Ladens als Lagerraum.
- vorab Verkauf von Gutscheinen für exklusive Schokoladenpräsente.

S 6 bedeutet Verschieben des Projektendes:
- die Ladeneröffnung verschieben bis zum 20. Februar und dafür das Ostergeschäft noch mitnehmen.

Diese einzelnen Steuerungsmechanismen werden jeweils in einem gedanklichen Vorlauf erprobt. Dabei kann nur projektbezogen entscheiden werden, welche sinnvoll und machbar sind. Oft ist es auch eine Kombination von Steuerungsmaßnahmen, die ein Projekt retten. Denn es ist besser, realitätsbezogene Anpassungen vorzunehmen, auf einige Aspekte zu verzichten, bevor das Ziel mit der Priorität 1 gefährdet und damit das ganze Projekt seinen Sinn verfehlen würde.

Der Minimal-Baukasten für Projekte

Oft wird der Aufwand, der bei Projekten notwendig ist, als hoch empfunden. Der Einwand gegen Projekt-Management ist, dass kleine Projekte ja noch „mit links“ gemanagt werden können, ohne den hohen Aufwand des Projekt-Managements zu betreiben. Hier ist entgegenzuhalten, dass kleine Projekte oft gar nicht als zu managendes Vorhaben wahrgenommen werden, sondern unter „Routine“ laufen. Damit besteht eine erhöhte Gefahr des Verschleppens oder Scheiterns. Auch kleine Projekte, die scheitern oder nicht optimal laufen, schaden einem Unternehmen oder einer Institution. Wenn aber ein Vorhaben offiziell als Projekt anerkannt ist, wird ihm automatisch mehr Aufmerksamkeit zuteil und die Gefahr des Scheiterns sinkt.

Sie brauchen ein Projekt ja nicht mit übermäßigem Aufwand an Projekt-Management betreuen. Kleinere Projekte müssen nicht mit allen vorhandenen Tools bearbeitet werden. Auch die Anschaffung von kostenintensiver Projekt-Software sollte genau überdacht werden. Aber ein gewisser Basis-Baukasten an Projekt-Management ist in der Praxis unverzichtbar, dazu hier ein Vorschlag:

Der Minimal-Baukasten für Projekte

Als Mindestmaßnahmen für ein Projekt sind empfehlenswert:

- die Festlegung einer Person, welche die Projektleitung verantwortlich übernimmt
- ein schriftlich definiertes Projektziel mit Prioritäten
- ein Projekt-Strukturplan, in dem alle Hauptaufgaben und Teilaufgaben des Projektes auftauchen
- ein Projekt-Ablaufplan, in dem alle Aufgaben mit einer Zeitstruktur verknüpft sind
- die Festlegung von mehreren Meilensteinen im Verlauf des Projektes als Möglichkeit zur Feststellung von Soll/Ist Abweichungen
- Einigung über ein Grundkonzept, mit dem der Informationsfluss im Projekt gesichert ist
- ein „Kick-off-Meeting" (eine Projektstartsitzung), bei dem zu Beginn des Projektes alle Projektbeteiligten zusammenkommen
- regelmäßige Arbeits- und Informationstreffen während der Durchführung des Projektes
- eine Projektabschlusssitzung mit dem Auftraggeber
- die Dokumentation und Sicherung der gewonnenen Projekterkenntnisse

Mind Map

Auch in dieser Phase ist Mind-Map eine sinnvoll einzusetzende Technik, die für Transparenz sorgt. Beispiele dafür sind:

- Zusammenfassung eines Projektmeetings als schnelles und übersichtliches Protokoll
- Visualisierung von Rechercheergebnissen
- Übersicht über verschiedene ineinander greifende Aktivitäten
- Visualisieren von Projektbestandteilen
- Übersicht über angrenzende Projekte

2.7 Facetten der Objektivität
Eine unbestechliche Ideen-Überprüfung vollziehen

Auch die beste Idee, das innovativste Projekt, die erfolgreichste Produktentwicklung sollten nach Abschluss noch überprüft werden. Schließlich bleibt ja die Welt zwischenzeitlich nicht stehen. Sie und alle Beteiligten, die eine Idee bis zu ihrer Realisierung begleitet haben, haben wertvolle Erkenntnisse erlangt und wollen nun auch wissen, in welchem Maße die Aufgabe erfüllt wurde. Wenn Sie Ihre Idee als Projekt abgeschlossen und damit z. B. ein neues Produkt am Markt etabliert haben, so ist tatsächlich ein Erfolg für alle Beteiligten am kreativen Problemlösungsprozess zu verbuchen. Um diesen in vollem Umfang würdigen zu können, ist es sinnvoll, mit der Phase VI noch eine Kontrollschleife zu durchlaufen und somit das erreichte Ergebnis in Bezug zur Planung zu setzen.

Kurzprofil der Phase VI: Ideen-Überprüfung

Schwerpunkt
Feststellen der Soll-Ist Abweichung zwischen formulierter Aufgabenstellung und realisierter Idee

Vorwiegender Denkstil
konvergent

Schlüsselfragen
Was wollten wir ursprünglich erreichen?
Wie bewährt sich die Idee in der Praxis?
Wie ist der kreative Problemlösungsprozess von der ersten Idee bis zur Ideen-Realisierung verlaufen?

Ergebnis
Erkenntnisse über die Treffgenauigkeit der Idee
Erkenntnisse über die Ressourcenbeanspruchung
Erkenntnisse über die Relation von Einsatzfaktoren und Ergebnisqualität
Lernchancen aus dem gesamten Prozessverlauf von der Idee zur Innovation

Techniken
- Überprüfungsinstrumente aus der Ökonomie
- Impulsfragen aus dem Projekt-Management
- Quint-Essenz©
- Produktlebenszyklus als Indikator für die Marktreaktion bzw. Akzeptanz der Idee
- Feedbackbögen und Interviews mit den Nutzern und Anwendern

Phasenbeschreibung

Gratulation! Sie haben Ihre Idee erfolgreich umgesetzt und damit zur Verringerung der Abweichung zwischen Ist und Soll beigetragen. Möglicherweise ist es Ihnen (und Ihrem Team) sogar gelungen, den angestrebten und herbeigesehnten Idealzustand zu erreichen. Vielleicht haben Sie auch einen echten Wettbewerbsvorsprung entdeckt und entwickelt. Selbstverständlich können Sie sich nun eine kleine Verschnaufpause gönnen, falls die Realisierung der Idee in ihrer „heißen Phase" verstärkten Einsatz und Kräfte gekostet hat. Gefährlich wäre es allerdings, wenn Sie nun erschöpft in eine selbstgefällige Passivität verfallen. Denn „endgültig fertig" sind Sie noch nicht! Schließlich leben Sie nicht im zeitlichen Vakuum einer statischen Welt. Außerdem warten sicherlich noch viele weitere Aufgaben darauf, von Ihnen gelöst zu werden. Und zur Bewältigung dieser brauchen Sie die Erfahrungswerte der vorangegangenen.

Je nachdem, um welches Vorhaben es sich handelte, werden Sie die realisierte Idee sicherlich mehrfach zu unterschiedlichen Zeitpunkten überprüfen. Dahinter steckt die Überlegung, dass eine verwirklichte Idee nicht immer in ganzem Ausmaß direkt nach ihrer Realisierung in ihrer Wirkung beurteilt werden kann. Wenn Sie beispielsweise eine neue Konzeption für eine Kundenveranstaltung ausgearbeitet und diese in die Tat umgesetzt haben, so können Sie sicherlich alle Besucherinnen und Besucher bereits während oder zum Abschluss der Veranstaltung fragen, wie ihnen die Veranstaltung hinsichtlich verschiedener Zufriedenheitsfaktoren gefallen hat. Doch wahrscheinlich wirkt die Veranstaltung auch noch nach. Denn wenn es beabsichtigt war, mit dieser Veranstaltung zur Kundenbindung beizutragen, so wird sich dies erst in den folgenden Wochen zeigen. Und zwar anhand der mit zeitlichem Abstand zu stellenden Fragen:

- Ist der Bekanntheitsgrad inzwischen gestiegen?
- Gab es Kundenanfragen zu Produkten, die auf der Veranstaltung thematisiert wurden?
- Ist das Auftragsvolumen inzwischen gestiegen?
- Wurden Neuaufträge an Land gezogen?
- Welche Auswirkungen hatte die Veranstaltung auf die Kommunikation und Beziehung zu den jeweiligen Kunden?

Bei einer neu konzipierten Weiterbildungsveranstaltung ist eine typische Überprüfungsfrage an die Teilnehmenden: „Konnten Sie das in der Schulung vermittelte Wissen in Ihren Arbeitsalltag übertragen?“ Diese Frage lässt sich jedoch ebenfalls nicht gleich nach dem Seminarende beantworten. Doch gerade der Transfer in den beruflichen Alltag ist eine der wichtigsten Überprüfungskriterien für Schulungskonzeptionen. Deshalb werden der Praxisbezug und die Höhe des Alltagstransfers von Seminaren auch üblicherweise nach einigen Monaten in Zielvereinbarungsgesprächen evaluiert.

Und beispielsweise bei der Entwicklung und Markteinführung eines Produktes, kann das erreichte Ergebnis erst nach einigen Beobachtungsperioden durch Marktreaktionsmodelle, ökonomische Überprüfungsinstrumente und durch Messung der Kundenzufriedenheit beurteilt werden.

Diese Beispiele verdeutlichen: Ähnliches gilt für alle komplexen Vorhaben. Sie wirken nach. Will man also eine vollständige Überprüfung erzielen, so sollten alle Aspekte zu unterschiedlichen Überprüfungszeitpunkten in die Bewertung einbezogen werden.

Schwierigkeiten und Hindernisse in Phase VI:

- Erschöpfung nach einer Kräfte zehrenden Ideen-Realisierung kann zu dem Wunsch nach Ruhe und einer „Es ist doch alles gut so“-Haltung führen
- selbstzufriedene Passivität
- noch andauernde Ideenverliebtheit, die dazu führt, alles mit einer rosa Brille zu betrachten
- Schönreden des Ergebnisses aufgrund interner Konflikte
- Schönreden des Ergebnisses aus persönlicher Eitelkeit

- Schönrechnen des Ergebnisses, weil schon so viel Zeit und Mühe in den Prozess geflossen ist, dass es auf jeden Fall nur gut sein kann, sonst wäre ja alles „umsonst" gewesen ...

Dabei ist eine kritische Reflexion anhand der in diesem Kapitel angebotenen Techniken hilfreich – und schon beginnt der Prozess erneut, allerdings auf einem höheren Niveau. Orientieren Sie sich an der Wachstumsspirale©. Immer wieder sollten gerade auch die erfolgreichen Ideen hinterfragt werden. Denn schließlich ist nichts gefährlicher als der Erfolg von gestern ... Denken Sie daran: eine Ihnen nun veraltet erscheinende Idee ist auch einmal eine „Lieblingsidee" gewesen, die damals alle überzeugt hat. Nicht nur auf Produkte und Märkte lässt sich das in der Ökonomie bekannte Modell des Lebenszyklus anwenden.

Pflegen Sie Ihre Ideen, überdenken Sie sie neu, entwickeln Sie den Mut zur *Kreativen Unzufriedenheit* und kontinuierlichen „Renovierung" in regelmäßigen Abständen! Betrachten Sie also die Ideen-Überprüfung als Investition in die Zukunft. Die Konkurrenz schläft nicht, gute Ideen fordern geradezu Nachahmer, aber auch Verbesserer heraus. Einmal gewonnene Vorsprünge sind nicht von ewiger Dauer. Je wettbewerbsintensiver die Märkte sind, desto dynamischer ist der Wandel, desto schneller heften sich einem andere auf die Fersen. Also: Tief durchatmen, die abgeschlossene Ideen-Realisierung evaluieren und entdeckte Fehler als Lernchance begreifen. Und dann bringen Sie die innerhalb des kreativen Problemlösungsprozesses gewonnen Erkenntnisse und Erfahrungen wieder in neue Vorhaben ein. Denn die gemachten Fehler zu erkennen, ist ein wesentlicher Beitrag, um erfolgreich zu sein, wie es bereits Henry Ford in einem Interview zum Geheimnis seines Erfolges auf den Punkt brachte:

> „Ich mache weniger Fehler. Und das kommt daher, weil ich viel Erfahrung habe. Meine gesamte Erfahrung beruht auf vielen gemachten Fehlern."
>
> Henry Ford (1863-1947}, amerikanischer Unternehmer

Techniken

Überprüfungsinstrumente aus der Ökonomie

Wichtig ist, dass die realisierte Idee nicht nur hinsichtlich quantitativer Aspekte wie z. B. durch erzielte Umsatzsteigerung bzw. Kosteneinsparung überprüft wird, sondern dass ebenso qualitative Aspekte in die Bewertung einfließen. Dies betrifft beispielsweise das Betriebsklima, die ökologische Qualität, den erzielten Lerneffekt etc.

Wertvolle Erkenntnisse für eher quantitative Aspekte können die aus der Ökonomie bekannten Ideen-Überprüfungsinstrumente geben. Alle Instrumente gehen von dem Grundgedanken aus, dass eine realisierte Idee einen Investitionscharakter besitzt, denn schließlich müssen zunächst Ressourcen eingesetzt werden, um eine Idee zu realisieren. Das bedeutet, man tritt sozusagen in Vorleistung, um dann zu schauen, was die realisierte Idee gebracht hat und ob sie die investierten Mittel mindestens einbringt. Oder ob gar der Output den Input übersteigt, was ja wünschenswert ist. Hier kann auf bekannte Überprüfungsverfahren zurückgegriffen werden wie z. B.:

- Nutzwertanalysen
- Kapitalwertrechnungen
- Amortisationsrechnungen
- Portfolio-Analyse
- Analyse von gängigen Kennziffern (z. B. Wirtschaftlichkeit, Return on Investment, Cash Flow).

Zur Vertiefung bietet sich die Literatur zu Controlling und strategischem Management an.

Impulsfragen aus dem Projekt-Management

Üblicherweise werden Projekte nach dem Abschluss, das heißt nach dem Erreichen des Projektzieles, überprüft. Die folgenden Fragen beziehen sich sowohl auf die Sachebene als auch auf die Beziehungsebene innerhalb eines Projektes. Sie sollten eingesetzt werden zur internen Dokumentation und Erfahrungssicherung. Damit ermöglichen sie Rückschlüsse auf den Projektverlauf und geben Impulse zur Planung und Durchführung von weiteren Projekten.

Erreichung des Inhaltszieles:

- Haben Sie das Inhaltsziel im definierten Gesamtleistungsumfang realisieren können?
- Wurde dabei die angestrebte Qualität erreicht?
- An welchen Punkten haben Sie realitätsbezogene Anpassungen vorgenommen?
- Mit welchen neuen Erkenntnissen werden Sie die nächsten Projekte in Bezug auf das Inhaltsziel planen?

Erreichung des Aufwandzieles:

- Haben Sie den geplanten Verbrauch an Ressourcen eingehalten?
- Haben Sie das geplante Budget eingehalten?
- Entspricht der betriebene personelle Aufwand der Planung?
- An welchen Stellen haben Sie realitätsbezogene Anpassungen vorgenommen?
- Mit welchen neuen Erkenntnissen werden Sie das Aufwandziel in den nächsten Projekten planen?

Erreichung des Zeitzieles:

- Ist der Endtermin eingehalten worden?
- Haben Sie den Endtermin im Verlauf des Projekts verschoben?
- An welchen Stellen haben Sie realitätsbezogene Anpassungen vorgenommen?
- Mit welchen neuen Erkenntnissen werden Sie das Zeitziel in den nächsten Projekten planen?

Kommunikative Aspekte:

- Wie hat der Informationsfluss im Projekt-Team funktioniert?
- Wie war die Atmosphäre im Projekt-Team?
- Wie war die Leistungsbereitschaft und Motivation im Projekt-Team?
- Welchen kommunikativen Aspekten werden Sie in den nächsten Projekten mehr Aufmerksamkeit schenken?

Interdisziplinäres Arbeiten:

- Konnten die jeweiligen Fähigkeiten der Projektbeteiligten sinnvoll für das Projekt genutzt werden?
- Haben die Projektbeteiligten mit hohem Synergieeffekt gearbeitet?
- Wie kann das interdisziplinäre Arbeiten in den nächsten Projekten optimiert werden?

Dokumentation und Erfahrungssicherung:

- Haben Sie die erworbene Erfahrung dokumentiert und gesichert?
- Ist geklärt, wo diese Unterlagen aufbewahrt werden?
- Ist geklärt, wie lange diese Unterlagen aufbewahrt werden sollen?
- Ist geklärt, wer auf diese Unterlagen zurückgreifen darf?
- Welche Informationen wollen Sie in den nächsten Projekten präziser oder ausführlicher dokumentieren?

Quint-Essenz©

Um Erkenntnisse und Lernchancen aus dem gesamten Prozessverlauf von der Idee zur Innovation zu nutzen, empfiehlt es sich, diesen Verlauf mit einer Technik zu überprüfen, welche die harten und weichen Faktoren gleichermaßen berücksichtigt. Dazu eignet sich besonders die Quint-Essenz©. Eine ausführliche Beschreibung dieser Technik finden Sie ab der Seite 126.

Folgende Fragen können beispielsweise in der Phase VI nach der Ideen-Realisierung von Interesse sein:

- Wie ist der kreative Problemlösungsprozess von der ersten Idee bis zur Ideen-Realisierung insgesamt verlaufen?
- Welche Phasen wurden mehrfach durchlaufen?
- An welchen Stellen wurde der kreative Problemlösungsprozess gebremst?
- Welche Kreativitätsvampire sind während des Prozesses aufgetaucht?
- Mit welchen Abwehrmaßnahmen konnten sie in Schach gehalten werden?

Bei der Anwendung der Quint-Essenz© berichten dann die einzelnen Stimmen:

Die Stimme des Analytikers:
Diese Stimme fasst zusammen, was die ursprüngliche Aufgabenstellung war. Der Analytiker berichtet von den in den einzelnen Phasen erreichten Ergebnissen und betrachtet dazu den Zeitverlauf. Er interpretiert den Ressourcenaufwand. Er erinnert an das mehrfache Durchlaufen einzelner Phasen und zeigt auf, wo Phasen übersprungen wurden. Er fasst zusammen, was nun als erreichtes Ergebnis vorliegt.

Die Stimme des Impulsiven:
Diese Stimme begeistert sich für die entstandenen Ideen, schwärmt davon, wie es gelungen ist, manche Hürden zu überwinden und wie wunderbar aufregend alles war. Am liebsten würde der Impulsive sofort wieder damit beginnen, das Erreichte erneut in Frage zu stellen. Und am besten gleich wieder einen Durchlauf der Wachstumsspirale© starten. Dies äußert er in Assoziationen und Gedankenfetzen, voller Begeisterung und kaum zu stoppen.

Die Stimme des Optimisten:
Dieser würdigt gut gelaunt das entstandene Resultat. Voller Stolz betont der Optimist den Vorteil des Erarbeiteten. Er freut sich auf die Wirkung der realisierten Idee und überlegt konstruktive Vernetzungen. Und er erwähnt positiv die einzelnen Leistungen der beteiligten Personen und bedankt sich bei allen für die Unterstützung.

Die Stimme des Pessimisten:
Diese Stimme berichtet von allen Sollbruchstellen, Hürden und Hemmnissen während des Prozesses. Unbestechlich zählt der Pessimist auf, was alles schief gelaufen ist, nennt jeden aufgetreten Kreativitätsvampir, nicht ohne zu erwähnen, wie viel Zeit, Energie und Ressourcen das Ganze gekostet hat. Er erwähnt die Nervenanspannung und die Streitigkeiten. Er warnt davor, nochmals den Zeitbedarf zu unterschätzen und erinnert daran, was beim nächsten Mal zu berücksichtigen ist.

Die Stimme des Emotionalen:
Das Bauchgefühl liefert wichtige Hinweise, wie die Zusammenarbeit funktioniert hat, wie das *Kreative Klima* beim Managen der Idee war.

Diese Stimme deckt auf, ob sich das Team gut verstanden hat und die Zusammenarbeit angenehm verlaufen ist. Oder ob es Egotrips, Profilierung und Konkurrenz im Team gab. Auch unterschwellige Spannungen und nicht ausgesprochene Konflikte spürt die Stimme des Emotionalen auf.

Noch einmal die Stimme des Analytikers:
Abrundend fasst der Analytiker die fünf einzelnen Meinungen zusammen, wägt sie gegeneinander ab und formuliert als Fazit die „Quint-Essenz“. Diese abschließende Würdigung umfasst sowohl die Einschätzungen rationaler/objektiver Aspekte als auch subjektive/individuelle/persönliche Erlebnisse und Erfahrungen.

Mit der Anwendung der Quint-Essenz© gelingt eine Ideen-Überprüfung, die Sachebene und Beziehungsebene in einem Fazit vereint. Zusätzlich führt der Einsatz dieser Technik zu einem inspirierenden Gruppenerlebnis mit lernbezogenem Mehrwert.

Produktlebenszyklus als Indikator für die Marktreaktion bzw. Akzeptanz der Idee

Die objektive Ideen-Überprüfung ermöglicht eine dynamische, zeitnahe Anpassung Ihres Projektes bzw. Ihrer Idee an die sich permanent verändernden Rahmenbedingungen und beugt somit dem Verfall des Marktwertes, der Veralterung Ihrer Idee vor. Ähnlich wie die Vorgänge an der Börse, sollten auch realisierte Ideen regelmäßig bezüglich ihres aktuellen Nutzens bewertet werden. Dies bringt die Aussage eines Finanzexperten zum Ausdruck:

> „Die Klage über die Schärfe des Wettbewerbs ist in Wirklichkeit nur eine Klage über den Mangel an Einfällen.“
> Walther Rathenau (1867-1922), deutscher Industrieller und Politiker

Die Ökonomie beschreibt den Werdegang eines Produktes in Analogie zum menschlichen Leben und hat mit dem Konzept des Produktlebenszyklus ein zeitbezogenes Marktreaktionsmodell generiert. Der Produktlebenszyklus ist ein Analyseinstrument, das den typischen Lebenslauf eines Produktes, vom erstmaligen Anbieten bis zum Ausscheiden aus dem Markt und mit seinen Auswirkungen auf das Unternehmen darstellt.

Dieser Zyklus umfasst die Phasen:

- Einführung
- Wachstum
- Reife
- Degeneration.

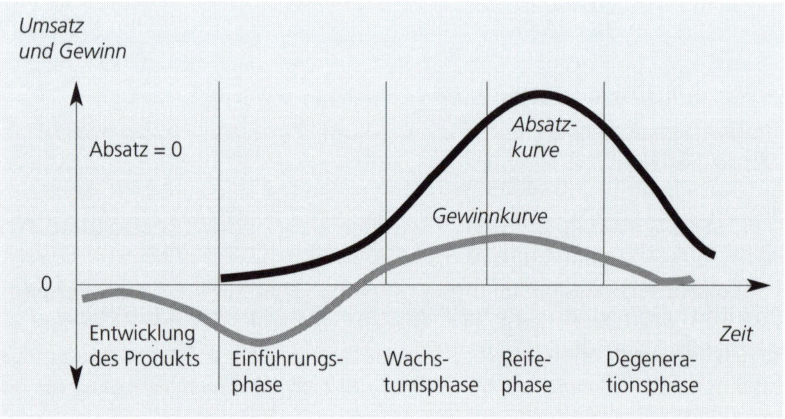

Abb. 27: Produktlebenszyklus

Einführungsphase:
In der Einführungsphase geht es vor allen Dingen darum, das Produkt bzw. die Idee zu platzieren, die Vorteile zu kommunizieren, Kritiker zu überzeugen und Berührungsängste mit Neuem abzubauen.

Wachstumsphase:
Ist dies gelungen, wird die Wachstumsphase erreicht. Die neue Idee bzw. das Produkt erlangen zunehmende Bekanntheit, werden mehr und mehr akzeptiert, auch vorsichtigere Zeitgenossen probieren sie nun aus. Erste „Kinderkrankheiten" in der Anwendung wurden bereits identifiziert und kuriert, das Anwendungsrisiko sinkt.

Reifephase:
In der Reifephase ist das Produkt bereits endgültig etabliert, hat viele überzeugte Anwender gefunden. Der Zuwachs an neuen, begeisterten Anhängern nimmt jedoch ab. Die Idee bzw. das Produkt hat einen ho-

hen Bekanntheitsgrad erlangt, der noch in der Wachstumsphase bestehende Innovationsvorsprung reduziert sich allmählich, da die Neuartigkeit der Idee durch flächendeckende Anwendung und Imitation der Grundidee durch andere zunehmend verblasst. Verbesserte und zeitgemäßere Alternativen lassen sich bereits jetzt parallel einführen. Ist die Sättigung erreicht, lassen sich keine weiteren Zuwachsraten mehr verbuchen. Die Ursprungsidee hat ihre Attraktivität verloren, ist nicht mehr auf dem neuesten Stand.

Degenerationsphase:
Hat eine Idee bzw. ein Produkt die Degenerationsphase erreicht, so gilt sie bzw. es als veraltet und kann in dieser Form nicht mehr weiter am Markt bestehen.

Spätestens jetzt geht es darum, eine neue – zumindest überarbeitete und optimierte – Version zu präsentieren, welche die alte ablöst und wieder einen neuen Lebenszyklus in Gang bringt. Dies funktioniert allerdings nur, wenn Sie bereit sind, den Grundzustand der *Kreativen Unzufriedenheit* erneut in sich selbst hervorzurufen. Diese Phase bildet das Sprungbrett zu kreativen Visionen und zum ständigen Verbesserungsprozess in Unternehmen und Institutionen.

Feedbackbögen und Interviews mit den Nutzern und Anwendern

In Markt- und Meinungsforschung sowie beispielsweise in Gastronomie und Hotelgewerbe ist es üblich, sowohl schriftliche als auch mündliche Interviews durchzuführen. Hierbei soll das komplexe Konstrukt „Zufriedenheit" genauer unter die Lupe genommen werden. Zunächst wird festgelegt, wie sich „Zufriedenheit" als angestrebter Zustand operationalisieren lässt, wodurch sie sich ausdrückt, welche Qualitätsdimensionen und Leistungsbestandteile sie ausmachen.

Dies wird hier anhand des Beispieles eines Tagungshotels verdeutlicht. Dort ergibt sich die Zufriedenheit des Gastes z. B. durch die Faktoren:

- Empfang
- Zimmer
- Restaurant
- Tagungsräume

Nun kann zu jedem übergeordneten Faktor überlegt werden, was ihn jeweils konkret ausmacht:

Empfang:
- Freundlichkeit des Empfangspersonals am Telefon und im persönlichen Gespräch
- Wartezeit beim Check-in bzw. Check-out
- Bürokratielastigkeit beim Anmelden
- Aufmerksamkeit bei beobachteten Schwierigkeiten der Gäste
- Schnelligkeit der Rechnungsstellung bei der Abreise

Zimmer:
- Sauberkeit
- Geräumigkeit
- Bettenqualität
- Raumausstattung
- zur Verfügung stehende Technik
- Geräuschpegel

Restaurant:
- Speisen- und Getränkeangebot
- Preis-Leistungsverhältnis
- Freundlichkeit des Servicepersonals
- Flexibilität bei Sonderwünschen

Tagungsräume:
- Sauberkeit
- Geräumigkeit
- Raumausstattung
- zur Verfügung stehende Technik
- Entfernung zu den Pausenräumen
- Geräuschpegel
- Einbeziehung lernfördernder Faktoren

Zu jedem Bereich und jeder Unterkategorie kann nun auf einer Zufriedenheitsskala eingetragen werden, wie der Gast Qualität und Ausprägung einschätzt. Dies kann durch vorgegebene Statements wie beispielsweise „Mit dem Zimmerservice bin ich sehr zufrieden/zufrieden/gar nicht zufrieden“ und eine entsprechende Ankreuzmöglichkeit festgehalten werden. Neben diesen Antwortalternativen können auch offene Fragen gestellt werden, die es dann dem Befragten ermöglichen, einen frei formulierten Kommentar abzugeben.

Handelt es sich nicht um ein schriftliches, sondern um ein mündliches Interview, so folgt der Interviewer im Rahmen eines strukturierten Interviews einem Leitfaden, der ähnlich dem Befragungsbogen aufgebaut ist.

Die beispielhaft am Tagungshotel beschriebene Vorgehensweise lässt sich problemlos auf andere Beurteilungsobjekte übertragen. Auf diese Weise können Sie Mitarbeiterinnen und Mitarbeiter über ihren Zufriedenheitsgrad in der Organisation bzw. Abteilung befragen. Sie können festhalten, wie der Anwender des neuen Produktes mit dem Produkt zurecht kommt. Sie können sich beispielsweise Feedbacks einholen über Firmenveranstaltungen, Messen, die Benutzerfreundlichkeit von Gebrauchsanleitungen, die Qualität Ihrer Kommunikationsstrategien. Durch Feedbackbögen und Interviews holen Sie sich einen externen Betrachtungswinkel ins Haus, der Ihnen konstruktive und manchmal auch destruktive Kritik vermittelt. Und das sind wichtige Anhaltspunkte zur Verbesserung, schließlich geht es ja in dieser Phase um die unbestechliche Ideen-Überprüfung.

2.8 Un-Endlich?!
Chancen zur Veränderung nutzen

Inzwischen haben Sie die realisierte Idee überprüft und dabei wichtiges Feedback erhalten. Konstruktive kritische Hinweise haben Ihnen und den anderen Beteiligten aufgezeigt, an welchen Stellen Optimierungsbedarf besteht. Kreative Unzufriedenheit hat seinerzeit dazu geführt, dass ein kreativer Problemlösungsprozess in Gang kam, dass aktiv nach Lösungsansätzen gesucht wurde. Würde die Zeit still stehen, so wäre nun alles geleistet, dann könnten Sie sich gemütlich und zufrieden zurücklehnen. Wäre da nicht eine zunächst leise, dann lauter werdende innere Stimme, die wieder Ideen anmeldet. Dabei kann es sich um dasselbe Ausgangsproblem handeln, es kann damit zusammenhängen und nun einen anderen Suchwinkel repräsentieren. Oder Ihnen fällt ein ganz neues Themenfeld auf, welchem Sie sich nun voller Energie neugierig zuwenden wollen. Denn schließlich besteht das menschliche Leben aus einer Folge von Veränderungen ...

Kurzprofil der Phase VII: Erneute Kreative Unzufriedenheit

Schwerpunkt
Erneutes konstruktives Infragestellen auf höherer Ebene

Vorwiegender Denkstil
Divergent

Schlüsselfrage
Was wäre denn, wenn ...?

Ergebnis
Bereitschaft, die bisherige Problemlösung zu optimieren und die Wachstumsspirale© erneut zu durchlaufen

Techniken
- Galerie der Selbstverständlichkeiten©
- Mind Map

Phasenbeschreibung

Nach sechs Phasen sind Sie nun bei der *Erneuten Kreativen Unzufriedenheit* angekommen. Allerdings haben Sie inzwischen einen umfangreichen Kreativprozess durchlaufen und befinden sich auf einem wesentlich höheren Wissensstand. Die Schwierigkeiten und Hindernisse innerhalb des kreativen Problemlösungsprozesses haben zahlreiche Möglichkeiten zum Dazulernen geboten. Alle Beteiligten standen vor Herausforderungen. Dabei wurden scheinbar unlösbare Probleme erfolgreich gemeistert, wodurch sich persönliche und durchaus auch ökonomische Wachstumschancen eröffnet haben. Kreative Potenziale ließen und lassen sich entfalten – und dies gilt jeden Tag auf's Neue:

> „Wenn wir aufhören zu lernen, hören wir auf, sinnvoll zu leben."
> Anna Eleanor Roosevelt (1884-1962), US-amerikanische Politikerin,
> Präsidentin der UN-Kommission für Menschenrechte

Ein sensibles Frühwarnsystem zur permanenten Überprüfung der Ist-Situation ist der beste Antriebsmotor für innovative Ideen im beruflichen wie privaten Alltag. So trägt ein kontinuierlicher Verbesserungsprozess zum Aufspüren von Wettbewerbsvorteilen im durch Globalisierung geprägten, verschärften Wettbewerb bei. Überprüfen Sie das Themenfeld erneut und beziehen Sie die (neu) gewonnenen Erfahrungen und Erkenntnisse mit ein. Bewahren Sie sich eine kritische Haltung und Problemsensibilität in allen Bereichen Ihres Tuns. Sonst besteht die Gefahr, dass eine einst als originell und strahlend überlegen empfundene Idee durch die Änderung der Rahmenbedingungen veraltet und nicht mehr in eine sich permanent wandelnde Organisationsumwelt passt. In dieser Phase wird überwiegend der divergente Denkstil eingesetzt.

Überlegen Sie, welche vermeintlichen Selbstverständlichkeiten und liebgewonnenen Gewohnheiten sich mutig in Frage stellen lassen:

- Was von der nun realisierten Idee lässt sich weiter entwickeln, optimieren, an neue Rahmenbedingungen anpassen?
- Welche gesellschaftlichen, organisationsbezogenen und wirtschaftspolitischen Veränderungen und Herausforderungen nehmen Sie wahr?
- Was können Sie bzw. Ihre Organisation und Ihr Angebot dazu beitragen, um diesen Herausforderungen vorausschauend zu begegnen?

Schwierigkeiten und Hindernisse in Phase VII:

- Selbstgefällige Passivität durch Ideenverliebtheit
- die Haltung „Ist doch alles gut so“
- mangelnder Mut
- nicht aktivierte Neugier
- Hektik des Tagesgeschäftes mit dicht gedrängtem Zeitplan, der es kaum ermöglicht, in Ruhe und mit kritischer Distanz zurückschauend und vorausschauend über bisherige und neue Lösungen nachzudenken

Techniken

Galerie der Selbstverständlichkeiten©

Greifen Sie auf diese Ihnen bereits aus Phase I der Wachstumsspirale© bekannte Technik zurück. Damit gelingt es Ihnen, anhand von impulsgebenden Schlüsselfragen immer wieder das Gewohnte, Liebgewonnene, scheinbar Optimale einer konstruktiv-kritischen Betrachtung zu unterziehen und ungeschriebene Gesetze gründlich zu hinterfragen.

Mind Map

Die universelle einsetzbare Technik der Mind Map, die Sie durch die einzelnen Phasen der Wachstumsspirale© begleitet hat, leistet auch bei der *Erneuten Kreativen Unzufriedenheit* gute Dienste. Sie können sie einsetzen:

- zur Visualisierung von gesellschaftlichen und wirtschaftlichen Trends,
- zum Betrachtung veränderter Rahmenbedingungen,
- zum Entdecken neuer Themenfelder,
- zum Aufzeigen von Veränderungsmöglichkeiten der realisierten Idee.

Also kann die Phase VII dann wieder zu der Phase I im nächsten kreativen Problemlösungsprozess werden. Nur, dass Sie dieses Mal mehr Know-how im Handgepäck haben. Auf ein Neues!

> „Wer ständig glücklich sein will, muss sich oft verändern.“
> Konfuzius (551-479), chinesischer Philosoph

Literaturverzeichnis

Abplanalp, Peter A.:
Unternehmensstrategie als kreativer Prozeß, München 2000.

Blumenschein, Annette/Ehlers, Ingrid Ute:
Ideen-Management – Wege zur strukturierten Kreativität, München 2002.

Blumenschein, Annette/Ehlers, Ingrid Ute:
Der Pippi Langstrumpf-Faktor – Managen mit Kreativ-Kompetenz, Hamburg 2004.

Boy, Jacques/Dudek, Christan/Kuschel, Sabine :
Projektmanagement – Grundlagen, Methoden und Techniken, Zusammenhänge, 12. Auflage, Offenbach 2006.

Burow, Olaf-Axel:
Ich bin gut – wir sind besser. Erfolgsmodelle kreativer Gruppen, Stuttgart 2000.

Buzan, Barry/Buzan, Tony:
Das Mind-Map-Buch, 5. Auflage, Landsberg am Lech 2002.

Capacchione, Lucia:
Die Kraft der anderen Hand. Ein Schlüssel zu Intuition und Kreativität, München 1990.

Doppler, Klaus:
Der Change Manager, Frankfurt 2003.

Giesler, Marianne:
Kreativität und organisationales Klima, Münster 2003.

Goleman, Daniel/Kaufmann, Paul/Ray, Michael:
Kreativität entdecken, 2. Auflage, München 1997.

Heuser, Uwe J./Jungclaussen, John F. (Hrsg):
Schöpfer und Zerstörer - Große Unternehmer und ihre Momente der Entscheidung, 3. Auflage, Reinbek bei Hamburg 2004.

Holm-Hadulla, Rainer M.:
Kreativität. Konzept und Lebensstil, Göttingen 2005.

Kirzner, Israel M.:
Wettbewerb und Unternehmertum, Tübingen 1978.

Kotler, Philip/Trias de Bes, Fernando:
Laterales Marketing für echte Innovationen. Auf Abwegen zum Erfolg, Frankfurt 2005.

Linneweh, Klaus:
Kreatives Denken. Techniken und Organisation produktiver Kreativität, 7. Auflage, Rheinzabern 1999.

Lisop, Ingrid/Huisinga, Richard:
Arbeitsorientierte Exemplarik. Theorie und Praxis subjektbezogener Bildung, Gesellschaft zur Förderung Arbeitsorientierter Forschung und Bildung, 2. Auflage, Frankfurt am Main 1994.
Litke, Hans-Dieter:
Projektmanagement – Methoden, Techniken, Verhaltensweisen, München 2004.

Majaro, Simon:
Erfolgsfaktor Kreativität: Ertragssteigerung durch Ideen-Management, London – Hamburg 1993.

Mintzberg, Henry:
Strategy Safari. Eine Reise durch die Wildnis des strategischen Managements, 5. Auflage, Heidelberg 2005.

Osborn, Alex F.:
Applied Imagination – Principles and Procedures of Creative Problem-Solving, 3rd revised Edition, Ninth Printing, Hadley, Massachusetts 2006.

Rosenstiel, Lutz von:
Motivation im Betrieb, 10. Auflage, Leonberg 2001.
Rückerl, Thomas:
Sinnliche Intelligenz: Ein motivierendes Trainingsprogramm zur sinnlichen Optimierung Ihrer ganzheitlichen Intelligenz, Paderborn 1999.

Schaude, Götz R.:
Kreativitäts-, Problemlösungs- und Präsentationstechniken 2. überarbeitete Auflage, Eschborn 1992.
Schelle, Heinz:
Projekte zum Erfolg führen. Projektmanagement systematisch und kompakt, 4. Auflage, München 2004.
Springer, Roland:
Wettbewerbsfähigkeit durch Innovation. Erfolgreiches Management organisatorischer Veränderungen, Berlin – Heidelberg 2004.

Sachregister

S

T

U

W

Annette Blumenschein

kommt aus einem typisch ökonomischen Bereich. Nach dem Studium der Betriebswirtschaft mit Schwerpunkt Marketing und Wirtschaftspädagogik mit Schwerpunkt Personalentwicklung arbeitete sie zunächst in einer Werbeagentur, dann als Beraterin und Trainerin für verschiedene Branchen. Ihr beruflicher Alltag ermöglichte es ihr, immer wieder neue Berufswelten kennen zu lernen und Einblicke in ganz unterschiedliche Bereiche zu erlangen. Dabei geht es ihr darum, Menschen bei tagesgeschäftlichen Herausforderungen durch neue Sicht- und Denkweisen auf neue Pfade zu lenken. Zunächst standen hier Struktur und systematisches Vorgehen weitgehend im Mittelpunkt, schließlich ist die ökonomische Theorie stark von analytischem Denken und Mathematik geprägt.

Allerdings vermisste sie in diesem Rahmen eine Vernetzung von strategischen Instrumentarien mit kreativen Methoden und Techniken, die zu innovativen Ideen führen können. Und genau diese Verbindung ist es, die sie tagtäglich in Beratung und Training herstellt. So gelingt es, berufliche Aufgabenstellungen von der ersten Idee über ein Marketing-Konzept bis hin zum Marktauftritt zu unterstützen. Annette Blumenschein ist Inhaberin von ATB Advanced Training Blumenschein in Frankfurt am Main.

Zusammen mit Ingrid Ute Ehlers hat sie den Beratungsansatz „Ideen managen – die Wachstumsspirale©“ entwickelt, welcher Struktur und Kreativität zu einer kraftvollen Synergie verbindet. Gemeinsam veröffentlichen sie auch Fachbücher und Fachartikel zu diesem Thema. Darüber hinaus halten Annette Blumenschein und Ingrid Ute Ehlers Vorträge und Impulsreferate über Anwendungsbereiche der strukturierten Kreativität.

Kontakt und Infos über Seminare, Fachartikel und weitere Veröffentlichungen von Annette Blumenschein:
a.blumenschein@atb-ffm.de
www.atb-ffm.de

Ingrid Ute Ehlers

ist Diplom-Industriedesignerin und kommt somit aus einem „klassisch" kreativen Beruf. Während des Studiums und bei der anschließenden Beratungstätigkeit in verschiedenen Branchen war für sie der Umgang mit Kreativität mit dem spontanen Entwickeln von Ideen selbstverständlich und führte auch zu viel beachteten Ergebnissen.

Allerdings vermisste sie in dieser ideenreichen Welt eine orientierungsgebende Struktur. Es genügte ihr nicht, nur kreative Einfälle zu haben, sie engagierte sich dafür, diese Ideen auch „wahrzumachen", also bei der Realisierung zu begleiten. Deshalb baute sie strukturgebende Methoden in Beratung und Seminare ein, um so kreative Erfolge wiederholbar zu machen. Denn durch die Förderung von kreativer Problemlösefähigkeit wird man unabhängig von der jeweiligen Tagesform und von spontanen Einfällen, die nicht planbar sind. Durch ihre langjährige, auch internationale Erfahrung im Projekt-Management begleitet Ingrid Ute Ehlers Produkte und Konzepte auf dem Weg zur Realisierung. Sie hat in Frankfurt am Main PRODUKT ✲ KONZEPT als Kooperation von praxiserprobten Expertinnen und Experten gegründet.

Zusammen mit Annette Blumenschein hat sie den Beratungsansatz „Ideen managen – die Wachstumsspirale©" entwickelt, welcher Struktur und Kreativität zu einer kraftvollen Synergie verbindet. Gemeinsam veröffentlichen sie auch Fachbücher und Fachartikel zu diesem Thema. Darüber hinaus halten Ingrid Ute Ehlers und Annette Blumenschein Vorträge und Impulsreferate über Anwendungsbereiche der strukturierten Kreativität.

Kontakt und Infos über Seminare, Fachartikel und weitere Veröffentlichungen von Ingrid Ute Ehlers:
ehlers@produkt-und-konzept.de
www.produkt-und-konzept.de